MARTE MEO PROPEDEUTYKA

O autorze

Dr. phil. Christian Hawellek, Dipl.–pedagog, członek zespołu zarządzającego „Północno-niemieckim Instytutem Marte Meo". Jest także licencjonowanym Marte Meo Superwizorem.

Christian Hawellek jest doradcą par, terapeutą rodzinnym oraz psychoterapeutą dla dzieci i młodzieży. Posiada wieloletnie doświadczenie w pracy psychoterapeutycznej i doradczej z dziećmi, rodzinami i parami. Jest jednym z pionierów metody Marte Meo w krajach niemieckojęzycznych, wykładowcą na różnych uniwersytetach oraz konsultantem w kraju i za granicą. Znany także jako redaktor i autor różnych książek i artykułów na tematy związane z poradnictwem, terapią i coachingiem. W ostatnich latach skupił się na terapii obserwacyjnej zgodnie z metodą Marte Meo.

Marte Meo
Propedeutyka

Christian Hawellek

Przekład:
Helena Korman, Ewa Schwarzbach

© 2019 Christian Hawellek
Herstellung und Verlag: BoD – Books on Demand, Norderstedt
ISBN:978-3-7494-7192-8

Na pamiątkę Hansa Hondersa

Spis treści

Wstęp do wydania polskiego

Za udostępnieniem polskim czytelnikom tej książki przemawiały przynajmniej dwie racje.

Po pierwsze, metoda Marte Meo oferuje szerokie możliwości wspierania rozwoju a „problemowe" zachowanie traktuje jako przesłanie jakich umiejętności dziecko jeszcze nie wykształciło. Marte Meo szuka nowych rozwiązań jak wspomagać dziecko, aby problem rozwiązać lub nie dopuścić do jego powstania. Twórczyni metody Maria Aarts wyszła z założenia, że każdy rodzic posiada zdolności intuicyjne, że działa zgodnie z potrzebami dziecka mając na uwadze jego prawidłowy rozwój.

Drugim argumentem przetłumaczenia książki była fascynująca nas praktyczność metody polegająca na maksymalnym uproszczeniu komunikacji w rodzinie. Posługując się autentycznym materiałem wideo, gdzie krok po kroku w tempie dopasowanym zarówno do dziecka jak i rodziców/opiekunów otrzymają oni szansę zbudowania nowych, dobrze funkcjonujących modeli zachowań.

Helena Korman

Jak korzystać z książki?

Marte Meo jest dobrze znaną i szeroko[1] stosowaną metodą obserwacji, która pomaga ludziom w ich rozwoju, procesach uczenia się oraz radzeniu sobie z problemami. Literatura Marte Meo w ostatnich latach znacząco się powiększyła[2]. Twórczyni metody Marte Meo, Maria Aarts, zwraca uwagę, by podręczniki o tej metodzie były pisane językiem zrozumiałym dla czytelnika.

W podręczniku, który trzymasz w ręce, nie spotkasz pojęć z psychologii, pedagogiki czy też medycyny, które są niezrozumiałe dla przeciętnego czytelnika. W takiej formie utrzymana jest również książka napisana w Danii przez zaangażowaną w Marte Meo specjalistkę logopedii Mette Isager[3]. Istnieje także literatura naukowa na poziomie akademickich rozpraw naukowych w tym temacie, metoda Marte Meo dotarła bowiem na wiele uniwersytetów w Europie i poza nią, znajdując zainteresowanie w szerokich kręgach naukowych[4].

Książka ma charakter „wprowadzający" w tematykę Marte Meo i jest skierowana do wszystkich zainteresowanych stosowaniem tej metody w pracy terapeutycznej.

Połączono w niej dwa aspekty:

Pierwsza część opisuje model i metodę Marte Meo. Tekst jest zrozumiały, prosty w sformułowaniach. Jest to zgodne z oczekiwaniami Marii Aarts, ponieważ informacje o Marte Meo powinny być dla każdego jasne. Jeden z moich czcigodnych nauczycieli, Jürgen Henningsen[5], powiedział: „Wiele podręczników naukowych jest podobnych do grobowców. Oprócz tego, że zgadza się ich zawartość –

sprowokowany aliteracją napisałbym »cuchnie«, ale i takie sformułowanie nie oddałoby prawdy. Nie posiada absolutnie żadnej innej funkcji, poza suchym i sterylnym przekazaniem informacji. Nauczyliśmy się, że nauka zajmuje się faktami, że nie jest dyskusją (jeszcze) z czytelnikiem"[6]. Przypisy przeznaczone są dla tych czytelników, którzy oczekują zaawansowanej wiedzy teoretycznej i naukowej, ich zadaniem jest wyjaśnienie pojęć oraz wskazówki do tekstów źródłowych.

W drugiej części książki znajdują się różne materiały pomocnicze. Są to listy kontrolne, pomocne w odnajdywaniu odpowiednich momentów w wideoklipach i wykorzystywaniu ich w prezentacjach Marte Meo.

Listy kontrolne oparte są na typowych problemach: codziennych relacjach społecznych, szczególnie w relacjach rodzic-dziecko, które często są powodem poszukiwania profesjonalnej pomocy.

Inne materiały to przykłady umów z rodzicami i placówkami wychowawczymi, niezbędne do przeprowadzenia konsultacji Marte Meo – mowa tutaj o zabezpieczaniu materiału wideo.

Ponadto w części tej czytelnik znajdzie przegląd struktury szkoleń Marte Meo, notatki i referencje.

1 Część 1: Marte Meo

Termin Marte Meo odnosi się do doświadczenia, które ludzie zdobywają poprzez osiąganie czegoś samodzielnie, z własnej siły. U małych dzieci można łatwo zaobserwować, jakie są dumne, kiedy zrobią coś same i bez pomocy, na przykład, kiedy dziecku uda się samodzielnie przejechać kilka metrów na rowerze. Dziecko często nie może doczekać się powtórzenia udanej czynności po raz drugi i trzeci. Jego energia skoncentrowana jest na powtarzaniu i utrwalaniu tego nowego, pozytywnego doświadczenia. Powyższa sytuacja potwierdza słuszność określenia „Marte Meo" – to poznanie pozytywnej i aktywnej siły rozwoju[7], a mianowicie doświadczenie osiągnięcia czegoś samodzielnie, z własnej siły, z czym wiąże się przeżycie własnej skuteczności (samoskuteczności).

Powtórzeniom, o których mówimy w naszym przykładzie, towarzyszą nie tylko sukcesy, ale także niepewność i niepowodzenia. Takim wyzwaniem może być np. jazda inną drogą na nieznanym terenie. Kiedy dzieci uczą się czegoś nowego, z własnej inicjatywy, zazwyczaj towarzyszą im i wspierają je zaufane osoby – często rodzice/opiekunowie. Gdy dziecko opanuje nowe wyzwanie, szuka kontaktu wzrokowego z rodzicami i chce podzielić się doświadczeniem, że wykonało czynność samodzielnie. Rodzice dumni z nowych osiągnięć potwierdzają sukces dziecka („o, samodzielnie przejechałeś na rowerze...”), pokazując w ten sposób, że są z niego dumni i cieszą się z nim. W nieuniknionych drobnych niepowodzeniach dają dziecku pociechę, mówiąc, co następnym razem dziecko może zrobić inaczej, aby odnieść sukces.

Wsparcie rodziców zależy od sytuacji, powinno jednak być regulowane: „tyle, na ile konieczne, tak mało, jak to możliwe".

Taka dawka pomocy pozwala dziecku cieszyć się własnym krokiem rozwojowym.

Idea rozwoju dzieci, jak również ludzi w ogóle, połączona pytaniem, jak w sposób celowy wspomagać i wspierać procesy rozwojowe, jest wątkiem przewodnim w pracy teoretycznej i praktycznej metodą Marte Meo[8].

Szczególne uwzględnienie procesów rozwojowych pojawia się w wielu innych kierunkach edukacyjnych i terapeutycznych, np. mówiąc o rozwoju[9], uczeniu[10] oraz dojrzewaniu[11]. Wraz z kwestią, w jaki sposób można wspierać i promować procesy rozwojowe, pojawia się pytanie, w jaki sposób można opracować niezbędne formy wsparcia.

Wiedza o tym, jak wspierać, co należy w konkretnych sytuacjach i momentach rozwinąć, jest metodologicznym *know-how* metody Marte Meo[12].

Podsumowanie

Marte Meo opisuje doświadczenia, które ludzie zdobywają poprzez osiąganie czegoś samodzielnie. Takie doświadczenie prowadzi do zwiększenia:

- motywacji
- własnej inicjatywy i aktywności
- zaufania do siebie
- doświadczenia własnej skuteczności

1.1 Klip wideo: most między pomysłem a rzeczywistością

Nasz mały przykład nauki jazdy na rowerze pokazuje, w jak wysokim stopniu wspieranie etapów rozwojowych dziecka zależne jest od rodziców, w jaki sposób rodzice koordynują swoje zachowanie z zachowaniem dziecka, aby towarzyszyć mu w następnym etapie jego rozwoju. Z każdym nowym krokiem zachowanie wspierające dostosowuje się do zmienionej sytuacji. Zachowanie dostosowane jest do każdej sytuacji, aktualizowane w teraźniejszej formie. Informacje, które stanowią o „poprawie" zachowań wspierających, są wynikiem doświadczeń ze wspólnych aktualnych sytuacji. Aby uaktualnienia mogły się powieść, należy wziąć pod uwagę pasującą aktualną sytuację. Wymaga to szczególnej uwagi zwłaszcza dla obecnych zmian i tempa postępów. Ogromną pomocą w postrzeganiu takich zmian są klipy wideo, przy pomocy których widoczna sytuacja jest łatwo zrozumiała.

Widoczne są emocje, widać przebieg zdarzenia, widać doświadczenia, jakie robią uczestnicy nagranej sytuacji[13].

Podsumowanie

Głównym pytaniem myślenia zorientowanego na rozwój w Marte Meo jest:

- w jaki sposób inicjatywy i (re)akcje działania dziecięcego oraz inicjatywy i (re)akcje rodziców do siebie wzajemnie pasują we *wspólnych momentach*, jak są one ze sobą skoordynowane.

Reasumując, Marte Meo przyczynia się do ukierunkowanego rozpoznawania rozwoju poszczególnych umiejętności i poszerzenia kompetencji społecznych osoby (dziecka). Kompetencja to pojęcie abstrakcyjne, odpowiada ono pojęciu zdolności. Zdolność jako taka nie jest widoczna, można ją jedynie odkryć, jeśli ktoś podejmuje działanie i widoczny jest pozytywny wynik takiego działania, to z kolei sugeruje posiadanie danej zdolności. Obserwując wydarzenia społeczne lub inne, widzimy tylko te zdolności, które są aktywne w danym momencie. Określenie „umiejętność"[14] jest w tym przypadku szczęśliwsze, umiejętności widoczne są dla obserwującego. Z serii podobnych obserwacji wynika, że „zdolność" lub „kompetencja" istnieje. Oczekiwanie takie zakładane jest w stosunku do danej osoby w określonym momencie, a osoba ta spełnia nasze oczekiwanie, jeżeli zdolność tę posiada. Na przykład od piłkarza będziemy oczekiwali, aby grał na poziomie współmiernym do wcześniejszych doświadczeń z nim zrobionych.

Jego dotychczasowe osiągnięcia przyczyniają się do oczekiwania takich umiejętności lub kompetencji piłkarskich, jakie w jego wydaniu są nam znane z wcześniejszych sytuacji. Takie oczekiwania mogą być stabilne i zależnie od sytuacji podsumowane stwierdzeniem, np. że „miał zły dzień", „grał znacznie poniżej swojego potencjału" lub „przeszedł samego siebie". Takie oczekiwania zaspokajają ludzką potrzebę szybkiej orientacji w sytuacjach społecznych. W instytucjach społecznych, takich jak przedszkola, szkoły czy też domy opieki, oczekiwania do osób rozwijają się w szybkim tempie, zwłaszcza gdy chodzi o „przypadki problemowe". Odpowiedzialni szybko stawiają diagnozę i decydują o rodzaju i jakości specjalnej pomocy terapeutycznej.

Osoby „z problemem" lub powodujące problemy często otrzymują profesjonalną „diagnozę", tzw. „przysłowiową pieczęć" odpowiadającą oczekiwanemu obrazowi, nadając jej fachową nazwę. Obraz musi pasować do fachowego określenia. Takim fachowym określeniem może być[15] „jest utalentowanym autystą". Obserwowane w procesach Marte Meo zachowania i działania osób w codziennych typowych sytuacjach oraz to, co można zobaczyć w klipach wideo, to (re)akcje – są to działania i umiejętności osób w konkretnych sytuacjach oraz momentach.

Jeżeli zamiast „kompetencji" widoczne jest powtarzanie negatywnych relacji i schematów niesprzyjających pozytywnej komunikacji, mówimy o braku komunikacji wspierającej rozwój[16].

Umiejętności pokazywane często i wiarygodnie opisujemy i oceniamy jako „kompetencje posiadane"[17]. Precyzyjna obserwacja poszczególnych momentów komunikacji stała się możliwa dzięki rozwojowi technologii wideo w ostatnich dziesięcioleciach.

Tradycyjne, dobrze znane poradnictwo i terapie opierają się w dużej mierze na różnych formach prowadzenia rozmów z klientem[18]. Rozwinięte zostały przez poważne osobowości świata terapeutycznego, dla których możliwości nowoczesnej technologii wideo nie były jeszcze w pełni dostępne[19].

W tym kontekście opracowano różne procedury kontroli jakości pracy opiekuńczej, poradnictwa, jak i inspiracji planowania kolejnego, profesjonalnego kroku pracy (superwizja). Z pamięci, posługując się notatkami, odtwarzano wyniki obserwacji. Brak możliwości odtwarzania wzrokowego zmieniał często faktyczny obraz sytuacji, miało to duże konsekwencje dla dalszego rozwoju. Dyskusje ekspertów i zalecenia postępowania często następowały za późno. Od lat sześćdziesiątych zaczęto nagrywać pierwsze taśmy magnetofonowe a później nagrania wideo do dalszego kształcenia i nadzoru terapeutów. Klienci nie byli włączani jeszcze w pracę z klipami wideo.

Pomysł pokazania klientom nagrań wideo z ich codziennego życia, które miałyby im pomóc w dokonaniu pozytywnych zmian, został wdrożony po raz pierwszy na większą skalę w latach siedemdziesiątych w Holandii. Pierwszym ośrodkiem, który na początku lat osiemdziesiątych wprowadził wideo do pracy z dzieckiem był ośrodek dla dzieci z zaburzeniami zachowania i autyzmem Orion w Holandii. Metoda „Video Home Training" i metoda „Marte Meo" stały się podstawowym narzędziem pedagogicznym w pracy z rodziną.

W ośrodku Orion wprowadzono trening dla dzieci i ich rodziców. Trening wideo odbywał się w domu rodzinnym dziecka, cała rodzina mogła brać w nim aktywny udział[20]. Taki rozwój spowodował, że poradnictwo i terapia otrzymały nową jakość. Terapeuci i klienci otrzymali możliwość wspólnego oglądania wideo, śledzenia określonej sytuacji, w której problem się pojawiał lub mógłby się pojawić.

W ten sposób klipy wideo stały się najważniejszym źródłem informacji, do których terapeuci i klienci mogli się odnosić. Obie grupy nie były już zależne od raportów i opisów, które pozwalały często na dowolną i mylną interpretację[21]. Tego typu błędy powstają, kiedy w miejscu wspólnie obserwowanej sytuacji dysponujemy jedynie subiektywnymi wspomnieniami.

W ramach porady klient ma okazję na nowo przywołać w pamięci sytuacje wzbogacone o nowe pozytywne aspekty.

Przedmiotem konsultacji Marte Meo jest rozmowa o tym, które momenty i okoliczności działają wspierająco i mogą się przyczynić do rozwiązania możliwego problemu.

Wideoklipy z sytuacji przeszłej pokazywane są w procesie poradnictwa w formie teraźniejszej. Przedmiotem metody Marte Meo jest rozmowa na temat, które momenty i zachowania mogą być pomocne i w jaki sposób mogą one wpłynąć na rozwiązanie problemu. Tradycyjne poradnictwo nastawione było na rozmowę o problemie i możliwościach zmiany, Marte Meo natomiast wykorzystuje dodatkowo „siłę obrazu"[22].

Klipy wideo stanowią dużą pomoc dla klientów, którzy nie posiadają dobrze rozwiniętej zdolności komunikacji werbalnej, a rozumienie terapeuty często przysparza im problemy. Grupa ta obejmuje niemowlęta, małe dzieci, osoby niepełnosprawne lub chore na demencję, osoby z różnego rodzaju zaburzeniami mowy i niepełnosprawne. Wszystkie te osoby mają szczególną potrzebę bycia zrozumianym i widzianym[23] przez rodzica lub personel opiekuńczy. Osoby tej grupy korzystające z opieki profitują szczególnie z metody Marte Meo[24].

W przeciwieństwie do sprawozdań i informacji ustnych, sytuacje monitorowane pozostaną dłużej w pamięci[25].

Opowiadając jakąś historię, aktywujemy fantazję słuchającego. Słuchający udaje się do własnego „kina wewnętrznego", może sobie wyobrazić opowiadaną sytuację. Czytanie ekscytujących powieści i słuchanie ciekawych historii dowodzi, że jest to bardzo inspirujące i stymulujące doświadczenie.

Każdy może opowiedzieć tylko o własnym doświadczeniu, ponieważ własne „wewnętrzne kino" jest i pozostaje dostępne tylko dla jednostki[26].

W przeciwieństwie do „wewnętrznych obrazów filmowych" obrazy wideo mogą być oglądane wielokrotnie, nie wymagając od terapeuty zapisywania w pamięci czy też robienia notatek. Technologia wideo ewoluowała w ostatnich latach w imponujący sposób. Jednym z przykładów jest super powolna mikroanaliza podczas transmisji sportowych w telewizji. Można zobaczyć i rejestrować małe niuanse, które gołym okiem, bez kamery, byłyby niezauważalne. Uzasadnione jest stwierdzenie, że technologia wideo to inny, nowy świat z dostępem do zupełnie nowych informacji.

Porównywalną innowacją techniczną było wynalezienie mikroskopu[27]. Metoda Marte Meo wykorzystuje nowe techniczne możliwości wideo poprzez śledzenie rozwoju małych, często niezauważalnych momentów komunikacji, pomaga obserwatorom przeorientować się między wspomnieniami o sytuacji a późniejszą obserwacją tej sytuacji i zweryfikowaniem własnych opinii. Wspomnienia sytuacji społecznych to krótkie momenty lub wiążące się w większe wydarzenia sytuacje, które zapamiętywane są w sposób subiektywny. Znajome i normalne codzienne procesy, które składają się na szerokie spektrum naszych codziennych doświadczeń, są zwykle zapominane, kiedy brakuje mocnych doznań o charakterze pozytywnym lub negatywnym. Kolejną różnicą jest rejestrowanie, że zadania niewykonane pamiętane są lepiej niż zadania wykonane[28]. Doświadczenia związane z silnymi uczuciami emocjonalnymi są zwykle łatwiejsze do zapamiętania[29]. Wspomnienia z przeszłych sytuacji są wprawdzie niedokładne, jednak kształtują one oczekiwania na nowe podobne sytuacje. W tym kontekście mówimy o „modelach oczekiwań"[30]. Takie modele mają sens, jeśli pomagają konstruktywnie wykorzystać poprzednie doświadczenia lub uniknąć wcześniejszych negatywnych doświadczeń.

Z takich modeli powstają przysłowiowe mądrości życiowe, np.: „Kto raz kłamie, temu nikt nie wierzy, nawet jeśli mówi prawdę!". Takie stwierdzenie wskazuje na negatywną stronę stałych oczekiwań: brak otwartości na możliwe wyjątki od oczekiwań, np.: że ktoś, kto raz skłamał, może w innej sytuacji mówić prawdę. Modele te są niebezpiecznie, mogą one prowokować uprzedzenia i stereotypy prowadzące do wrogiego nastawienia[31]. Skonstruowane modele oczekiwań pojawiają się szczególnie łatwo w relacjach dobrze znanych, w relacjach partnerskich oraz relacjach rodzic-dziecko.

Obrazy wideo pomagają umieścić pozornie znane nam sytuacje w nowym świetle, szczególnie gdy rozważane są pozytywne momenty wspomagające możliwości dalszego rozwoju. Sposób, w jaki się to odbywa, opisano szczegółowo w rozdziale 3.

Podsumowanie

- Obrazy wideo przekazują jakość sytuacji, przypominając moment komunikacji, pokazują wyjątkowość danej sytuacji społecznej.
  Obrazy wideo mogą aktywować neurony lustrzane u widza, pozwalając na empatię i zrozumienie dla tych, którzy są obserwowani.
- Obrazy wideo odnoszą się do pamięci proceduralnej, w której przechowywane są umiejętności i historie.
- Obrazy zapamiętywane są długotrwale.

1.2 Wspieranie rozwoju: modele Marte Meo

Człowiek jest istotą społeczną[32], a jedną z jego podstawowych cech jest dążenie do wspólnoty z innymi. W dwóch okresach naszego życia jesteśmy szczególnie mocno zależni od innych, na początku i na końcu życia. Zarówno niemowlęta, jak i małe dzieci, a także ludzie starsi i słabi są w szczególny sposób zależni od opieki innych, od grup społecznych, w jakich żyją.

Wyniki badań nad dzieckiem[33] pokazują, że umiejętność dostosowania się do unikalnych potrzeb rozwojowych niemowląt opiera się na intuicyjnych, biologicznie zakotwiczonych programach[34]. Są one obserwowane u osób nieupośledzonych i bez większych obciążeń, niezależnie od wieku i płci.

Kompetencję do odpowiedniej komunikacji[35] posiada każdy i nie trzeba się jej uczyć. Ludzie obserwujący się podczas konsultacji Marte Meo mówią, że zachowują się w trakcie rozmowy np. z dzieckiem „automatycznie", tak a nie inaczej[36]. Łatwość, z jaką komunikacja wspomagająca następuje, a następnie zostaje „zapomniana", ponieważ jest oczywista, podobna jest do funkcji zdrowego organizmu, którego indywidualne funkcje nie są szczególnie rejestrowane. Te dobrze funkcjonujące procesy są „produktywnie zapominane".

W rezultacie cała uwaga i energia kierowane są na pojawiające się problemy i zakłócenia procesów[37]. Ma to również sens, ponieważ eliminacja zakłóceń w interakcji społecznej ma duże znaczenie dla szczęśliwego i pomyślnego współistnienia.

Dlatego to, co dzieje się w komunikacji łatwo i bez zakłóceń, nie musi być zauważane z powodów „ekologicznych" właśnie dlatego, że nie stanowi problemu.

Jednocześnie problem dostaje swego rodzaju „czapkę niewidkę", co powoduje, że pozytywne fundamenty konstruktywnego dialogu pozostają ukryte. Patrzący widzi wtedy „las, a nie pojedyncze drzewa". Odwrotnie, pojedyncze drzewa i grupy drzew mogą pozostać niewidoczne. Zrozumiałe jest także, że psychologia, rozwijając się w dyscyplinę czysto naukową, skupiła się prawie wyłącznie na wiedzy związanej z problemami; świadczy o tym meta-badanie tematów psychoanalitycznych przez ponad 100 lat [38].

Rozwój ten zaczyna się stopniowo zmieniać wraz z pojawieniem się innych możliwości poradnictwa i procedur terapeutycznych ukierunkowanych na nowe zachowania pozytywne[39]. Tradycyjna koncentracja na problemie w psychologii ma na celu wyeliminowanie problemów psychologicznych i ich istotnych konsekwencji społecznych. Ponadto problemy w relacjach międzyludzkich zawsze zauważane są jako pierwsze, jako że są dotkliwe. Nie można ich przeoczyć, zwłaszcza, że często mają one dramatyczne konsekwencje, objawiając się np. w maltretowaniu innych, przestępczości czy niszczeniu.

Inaczej jest w Marte Meo. Tutaj wykorzystuje się „skarb"[40] dialogów wspierających rozwój naturalny jako model wspierający rozwój i konstruktywne kształtowanie relacji. Takie dialogi należą do codziennej rzeczywistości, nie zawsze są oczywiste.

Weźmy jako przykład krótką scenę między mamą a jej sześciomiesięcznym dzieckiem:

Mama zauważa, że jej syn, nazwijmy go Paweł, zaraz się obudzi. Pochyla się nad łóżeczkiem, patrzy na Pawła, uśmiecha się do niego i czeka. Paweł powoli otwiera oczy i patrzy mamie w twarz, odwzajemnia jej uśmiech.

Mama mówi łagodnym tonem: „Hej, spałeś tak długo!". Powtarza z różnym naciskiem w głosie: „tak, ty spałeś bardzo długo", uśmiech Pawła nasila się, dziecko odpowiada (gaworzy): „hhh".

Mama mówi: „przygotowałam twoja buteleczkę, na pewno jesteś głodny, chodź" i wyjmuje dziecko z łóżeczka.

Do intuicyjnego zachowania rodzica należy jego wiedza o potrzebie bliskości dziecka, aby mogło ono wejść z nim w kontakt, interakcję. Rodzic zbliża twarz do dziecka na około 25-30cm. Taka scena jest zupełnie niepozorna i oczywista. Powtarza się w życiu Pawła i jego mamy wiele setek razy[41]. Częste i zróżnicowane powtarzanie takich relacji rodzi oczekiwania u mamy i dziecka, pomagając budować poczucie niezawodności i zaufania we współtworzeniu podobnych sytuacji. W opisanej krótkiej scenie zawarte są różne momenty sprzyjające rozwojowi dziecka. Powtarza się to w różnych sytuacjach i nadaje komunikacji w danej sytuacji znaczenie wspierające rozwój. W podręcznikach Marte Meo określenia te opisane zostały jako *Elementy Marte Meo*[42]. Ponieważ wydają się być oczywistymi dla obserwatorów, zwykle szybko mijają, nie dostrzega się ich istotnego znaczenia w budowaniu więzi, w momentach, w których się pojawiają.

Nie są one postrzegane, nie odczuwana jest taka konieczność, ponieważ wszystko przebiega dobrze i przyjaźnie.

Te powtarzalne wzorce komunikacji dostarczają podstawowych informacji na temat wspierającej rozwój komunikacji w sytuacjach codziennych, a tym samym o modelu metody Marte Meo. Przykład Pawła i jego mamy trwa w rzeczywistości minutę. Gdyby sytuacja została nagrana na wideo, możliwe byłoby przedstawienie znaczenia poszczególnych krótkich momentów wspierających rozwój małymi krokami, w formie analizy interakcji wideo, czyli z obrazami Pawła i jego mamy, moment po momencie.

Z tego powodu poniższa sytuacja opisana została jako moment[43], tak jak w przypadku prezentacji wideo Marte Meo:

Mama zauważa, że jej dziecko, Paweł, zaraz się obudzi...

Podstawowym warunkiem powodzenia dialogów wspierających rozwój jest wyjaśnienie ról społecznych w danej sytuacji. Oznacza to na przykład, że dla mamy oczywiste jest, że w sytuacji z dzieckiem, kiedy jest z nim sama, to ona jako osoba dorosła ponosi wyłączną odpowiedzialność za to, co nastąpi w następnej chwili[44]. W naszym przykładzie mama jest uważna i zauważa, że Paweł się budzi. Nie dla każdej mamy jest to oczywiste. Wielu opiekunów dzieci zachowuje się w podobnych sytuacjach uważnie, rejestrując zachowania dzieci. Część opiekunów takich momentów jednak nie zauważa[45]. Ponieważ małe dzieci nie są jeszcze w stanie wyrazić swoich potrzeb i życzeń, są bardziej zależne od uważnych rodziców niż dzieci starsze.

Mama pochyla się nad łóżeczkiem, patrzy na Pawła, uśmiecha się do niego i czeka.

Częścią intuicyjnej wiedzy rodziców jest to, że niemowlęta i małe dzieci muszą być blisko (twarz pochylona nad dzieckiem w odległości 25-30cm), aby wejść w kontakt z rodzicem. Dlatego mama pochyla się nad łóżeczkiem, żeby Paweł mógł ją zobaczyć, kiedy otworzy oczy. Patrząc na dziecko mama uśmiecha się, wysyłając mocny sygnał społeczny:

„Cieszę się, że cię widzę".

Pozytywna, miła twarz rodzica to potwierdzenie dla dziecka:

„Jestem ważną osobą dla mamy".

Paweł postrzega posłanie mamy.

W ten sposób mama przyczynia się znacząco do dobrej atmosfery w relacji z dzieckiem. Dobry klimat między Pawłem a jego mamą umożliwia i wspiera wymianę społeczno-emocjonalną. Oznacza to, że więź[46] mama-dziecko rozwija się pozytywnie.

W ten sposób uśmiechnięta twarzy mamy zapewnia pozytywny początek rozwijającej się wspólnej sytuacji. Dobry początek jest sygnałem dla Pawła, zaproszeniem do uczestnictwa w sytuacji społecznej. Mama czeka, aż Paweł otworzy oczy. Uważne wyczekiwanie na ponowną (re)akcję Pawła pozwala dziecku na aktywność/reagowanie w jego własnym tempie. Dziecko może doświadczyć: „mam czas na własne działania i własną aktywność".

To z kolei jest podstawowym warunkiem rozwoju własnych pomysłów, inicjatyw i kreatywnych impulsów dziecka[47].

Paweł powoli otwiera oczy, patrząc mamie w twarz, odpowiada jej uśmiechem.

Paweł rejestruje przyjazną twarz mamy. Oprócz głosu mamy, wyraz twarzy jest pierwszą znaczącą informacją społeczną, która pomaga dziecku orientować się we wspólnych sytuacjach. Widok dobrej twarzy oznacza przesłanie, zaproszenie na ciepłe powitanie i pozytywną wspólną sytuację. Przyjazna twarz jest natychmiast uchwycona i zrozumiana[48].

Zdrowe niemowlaki odwzajemniają się dobrą miną tak, że strona przeciwna, w tym wypadku mama, otrzymuje również pozytywną informację. Tak rodzi się podstawa dobrego dialogu.

Mama mówi łagodnym tonem: „Hej, długo spałeś!". Powtarza z nieco większą różnorodnością w tonie: „tak, ty długo spałeś".

Delikatny ton głosu mamy przekazuje Pawłowi, w jakim nastroju jest mama w ich wspólnym momencie. Zaczynając od „hej" mama pomaga Pawłowi skupić uwagę na swojej osobie. Dla dziecka oznacza to, że zaczyna się coś nowego i interesującego, jest zaproszeniem do dialogu. Mama, nazywając całą sytuację, daje dziecku informację, że ma ona dobry pomysł na ich wspólną akcję. To pozwala Pawłowi odczuć, że mama nadzoruje i kontroluje sytuację. Dziecko buduje zaufanie do mamy, a jego pierwotna ufność nie ulega naruszeniu.

Mama powtarza ze zmiennym naciskiem w tonie głosu: „tak, ty spałeś długo".

Intuicyjne powtórzenie tego samego zdania wspiera rozumienie języka przez Pawła. Podkreślając „ty" Paweł rozumie, że mama ma na myśli właśnie jego. Dzięki takiej formie komunikacji dzieci doświadczają, że są niezależnymi osobami. Jest to możliwe, ponieważ zdania te adresowane są bezpośrednio do nich.

Nazwanie „ja i ty" wyraźnie pokazuje, że dwie niezależne osoby są ze sobą w kontakcie. W tych momentach dzieci mogą się nauczyć, że mama jest odpowiednikiem unikalnych zachowań, pomysłów i pragnień. Dziecko uczy się, że jest oddzielną osobą (indywiduum)[49]. W podobny sposób dziecko uczy się dostrzegać i szanować różnice. Zaczyna akceptować to, że inna osoba wprowadza coś nowego do wspólnego momentu interakcji, coś nowego należącego do własnego świata drugiej osoby, w tym wypadku mamy, „ja i ty" tworzy podstawowy rytm dialogu, a zatem podstawową formę ludzkiego porozumienia.

Uśmiech Pawła nasila się, dziecko gaworzy: „ahhh".

Paweł uczestniczy w rozmowie po swojemu. Sygnalizuje mamie, że cieszy się tym dialogiem i że jej mowa „dotarła"[50].
To potwierdzenie dla mamy, że dziecko ją rozumie i angażuje się w ich wspólną komunikację.

Mama mówi: „już przygotowałam twoje jedzenie, na pewno jesteś głodny". Mówiąc to, wyjmuje Pawełka z łóżeczka.

Mama nazywa to, co nastąpi. Informując Pawła, jest dla niego przewidywalna. Robiąc to, przekazuje informację, że dzieje się dokładnie to, co wcześniej powiedziała. W ten sposób dziecko doświadcza niezawodności i czuje się bezpieczne. Paweł może dostosować się do tego, co nastąpi. Stanowi to podstawę dobrej współpracy dziecka z mamą. Jeśli Paweł otrzyma informację o następnym kroku, dowie się, co robić dalej, pomoże mu to odpowiednio dostosować swoje zachowanie do sytuacji.

Informacja taka jest konieczna, by Paweł dowiedział się, że potrafi już kooperować. Zrozumienie sygnałów mamy przez dziecko jest podstawą, aby wspólna sytuacja zakończyła się sukcesem.

Przykład ten wyraźnie pokazuje, że momenty wspierające rozwój to innymi słowy elementy Marte Meo, elementy ukryte w spontanicznych, codziennych kontaktach z dziećmi. Są one dla nas równie naturalne jak oddychanie, spotykamy je w życiu codziennym. Łatwo je odkryć przeprowadzając analizę interakcji sytuacji pozytywnej, dokładnie analizując moment po momencie relację dwóch osób. Dzięki temu zrozumiemy znaczenie każdej akcji i reakcji. Nasz przykład pokazuje momenty, w których mama podąża za inicjatywami Pawła. Chwile podążania za inicjatywą dziecka służą mamie do oceny i rejestracji, czym zajęte jest dziecko w danym momencie. Paweł otrzyma informacje i nauczy się, że mama jest związana z nim i jego światem. Dla niego oznacza to, że nie jest sam, że zarówno on, jak i to, co robi, jest znaczące i ważne. Kiedy dziecko przeżywa wystarczająco dużo takich chwil, rozwija zaufanie do siebie i swoich (ponownych) działań. Takie wsparcie przyczynia się do rozwoju osobowości dziecka, równocześnie rodzi wiarę w samoskuteczność, ponieważ Paweł sam może doświadczyć, że jest zdolny do kompetentnego działania[51].

Krótko po chwilach, kiedy Paweł dołącza do mamy, mama podejmuje inicjatywę i informuje dziecko, co nastąpi. W takich momentach dziecko doświadcza, że mama zna i przewiduje sytuację. W ten sposób mama przejmuje kierowanie, a dziecko może czuć się bezpiecznie i zawierzyć mamie, zwłaszcza gdy doświadcza, że mama robi dokładnie to, co mówi. Dziecko przeżywając wystarczająco dużo takich momentów czuje się bezpiecznie w związku z mamą lub tatą. W ten sposób codzienne życie rodziny charakteryzuje się zmianą między momentami podążania za dzieckiem i momentami kierowania (przywództwa). Dzieci uczą się odczytywać i odróżniać sytuacje społeczne: sytuacje, w których dorosły decyduje, co nastąpi, i inne sytuacje, w których inicjatywa należy do dziecka. Podsumowując, rodzice zachowują się adekwatnie do sytuacji z dzieckiem (sytuacja kierowana i sytuacja wolnej zabawy).

Istnieją różne formy obecności rodzicielskiej lub wychowawczej[52]. Możliwe jest rozróżnienie między podążająca i kierującą obecnością rodzica. W chwilach obecności podążającej, rodzice wspomagają dziecko w rozwinięciu jego osobistych preferencji i kompetencji. W chwilach kierującej obecności rodzice wspomagają dzieci w rozwoju ich umiejętności społecznych. Poprzez przystosowanie do odpowiedniej sytuacji podążania za dzieckiem lub kierowania nim, dzieci uczą się adekwatnego działania w określonej sytuacji.

Różne formy obecności rodziców wspierają dzieci w ich dwóch podstawowych zadaniach rozwojowych:

- rozwój własnej osobowości dziecka
- rozwój wyuczania prawidłowych zachowań w różnych sytuacjach społecznych

---

Podsumowanie

Rozwój osobowości, samokompetencja, jest wspierany przez następującą obecność rodzicielską (wychowawczą).

Obecność w momentach podążania charakteryzuje:

- dobra atmosfera: ciepły ton, przyjazna twarz
- przejrzysta struktura: (odpowiedzialność dorosłego)
- oczekiwanie na dziecięcą (re-) akcję
- postrzeganie dziecięcych inicjatyw lub dziecięcego skupienia uwagi
- potwierdzenie inicjatyw dziecięcych
- nazywanie dziecięcych inicjatyw

Rozwój kompetencji i umiejętności społecznych – kompetencje społeczne wspierane są przez (aktywną) obecność rodzicielską (wychowawczą).

Obecność w momentach kierowania charakteryzuje się tym, że:

- dorosły informuje, co dziecko może w następnej chwili zrobić
- dorosły nazywa kolejną czynność
- dorosły nazywa całą sytuację
- dorosły informuje, co myśli i co czuje
- dorosły przekazuje informacje tonem kooperacyjnym, zapraszającym do współpracy
- dorosły używa określenia „**ja**" i „**ty**"
- dorosły określa/sygnalizuje początek i koniec sytuacji

Poprzez pasujące do sytuacji informacje i kierującą postawę dorosłego, dzieci uczą się, które zachowanie w jakim momencie jest odpowiednie. W ten sposób rozwijają kompetencje swojego społecznego działania.

Wspieranie procesów rozwojowych przez dorosłych towarzyszy dorastaniu dzieci. Nie ma jednak potrzeby, aby rodzice czy inni dorośli zachowywali się pouczająco w sposób ciągły w życiu codziennym. Gdyby tak się działo, dzieciom byłoby znacznie trudniej uczyć się konstruktywnie radzić sobie z różnicami w poglądach i inicjatywach oraz wynikającymi z nich konfliktami. Trudno byłoby dzieciom nauczyć się rozgraniczać, argumentować i godzić.

Nie jest ważne, aby (zawsze) być „dobrym" rodzicem, wychowawcą czy też terapeutą lub do tego dążyć. Ważne jest, by być wystarczająco dobrym rodzicem, wychowawcą czy terapeutą[53].

1.3 Rozwój modelu wspierania metodą Marte Meo

Metoda Marte Meo to sposób na przekazywanie informacji za pomocą wideoklipów. Informacje te powinny wspomagać rodziców/opiekunów w osiągnięciu wytyczonych sobie celów w życiu codziennym z dzieckiem, z własnej siły, zachowując własną odrębność oraz indywidualność.

Marte Meo to terapia wspierająca proces wychowawczy, poprzedzona umową między terapeutą a klientem. W niniejszej umowie określone powinny zostać cele, czas trwania, miejsce i przebieg konsultacji Marte Meo[54]. Równie ważne jest określenie warunków, takich jak poufność i sposób postępowania z materiałem wideo.

Konieczne jest regularne, odpowiedzialne zabezpieczanie nagrań wideo oraz przestrzeganie przepisów o przetwarzaniu danych klienta i zachowania tajemnicy. Nieodzowna jest też pisemna umowa dotycząca wszystkich zaangażowanych.

Niezbędnym warunkiem rozpoczęcia terapii jest dobra i ufna relacja terapeuta-klient.

Podstawą do rozpoczęcia wspólnej pracy jest zlecenie przekazane przez klienta. Terapeuta wyjaśnia rolę klienta i swoją przed rozpoczęciem procesu terapeutycznego, podkreślając w ten sposób podział ról. W poradnictwie Marte Meo terapeuta nie rozwiązuje problemów klienta, co często zdarza się w „innych formach terapii"[55]. Terapia Marte Meo pomaga klientowi w odnalezieniu drogi do samodzielnego rozwiązania problemu. Umowa powinna uwzględnić indywidualne potrzeby klienta.

Podsumowanie

Marte Meo jest metodą wspomagającą rozwój, rodzajem coachingu. Oparta jest na: zleceniu klienta, nagrywaniu i omawianiu filmów wideo zorientowanych na różne codzienne sytuacje z życia. Zakres pomocy jest indywidualnie dopasowany do potrzeb klienta i zawarty w umowie z terapeutą.

Marte Meo to forma poradnictwa bazująca na nagraniach wideo, opiera się na obserwacji wybranych momentów z codziennego życia klienta[56]. Marte Meo pomocne jest w wielu obszarach pracy terapeutycznej: w poradnictwie rodziców, par i rodzin, a także specjalistów oświaty, pedagogów i opiekunów. Marte Meo może być wsparciem dla osób szkolących, trenerów i oferujących coaching[57].

Ponieważ nie omawiamy wszystkich aspektów pracy Marte Meo, w poniższym tekście przedstawione zostaną przykłady z poradnictwa dla rodziców i dzieci. Wszystkie formy wspierania rozwoju metodą Marte Meo opierają się na tych samych zasadach.

Skandynawska terapeutka Marte Meo porównała naukę poradnictwa metodą Marte Meo z żonglowaniem trzema piłkami[58].

Terapeuta Marte Meo powinien nauczyć się radzić sobie z osobliwościami poradnictwa wideo oraz zadbać o prawidłowy, niezakłócony proces terapeutyczny.

Odpowiednio przygotowana sytuacja doradcza, czyli *Review*, obejmuje: dobrą znajomość obsługi urządzeń technicznych, zadbanie o przyjemną atmosferę spotkania, zadbanie o taki układ miejsc siedzących, który pozwoli konsultantowi śledzić zarówno obraz wideo, jak i reakcję klienta.

Zadaniem terapeuty jest przygotowanie odpowiednich obrazów wideo do konsultacji, przedstawienie odpowiednich wideoklipów w połączeniu z informacją wspierającą rozwój oraz pomoc klientowi w konstruktywnym przetwarzaniu doświadczeń wyniesionych ze spotkania z nim.

Podsumowanie

Kształcenie i nauczanie Marte Meo wymaga przestrzegania:

- organizacji i struktury konsultacji
- otwartej, jasnej komunikacji z klientem
- prezentacji wideoklipów i łączenie ich z dokładnymi informacjami

Większość konsultacji dochodzi do skutku, ponieważ klient zgłasza się z pytaniem lub problemem, potrzebuje wsparcia. W Marte Meo terapeuta odczytuje „przesłanie" stojące za „problemem"[59].

Należy:

- zadać sobie pytanie, co powinien rozwinąć klient, który ma problem, czego się nauczyć, aby problem mógł być przez klienta samodzielnie rozwiązany, lub problem taki nie zdążył się rozwinąć
- zadać sobie pytanie, jakiego rodzaju wsparcia potrzebuje klient, aby samodzielnie rozwiązać problem.

Terapeuci Marte Meo posiadają z racji swoich zawodów dużo informacji na temat „regularnych" procesów rozwojowych dzieci i wspierania ich przez dorosłych[60]. W odpowiedzi na pytanie, które wsparcie jest pomocne, należy wiedzieć, w jaki sposób rodzice pomagają swoim dzieciom w normalnych, codziennych sytuacjach, aby problem taki nie miał szansy powstać.

Przykład:

Mama dziecka, nazwijmy go Jan, szuka pomocy w poradni dla rodzin, ponieważ jej trzy i półletni syn Jan ma poważne problemy w swojej grupie przedszkolnej. Ma w nim już reputację „agresywnego rozrabiaki". Mama jest pod presją, a nauczyciele zalecają „terapię". Filmowanie w przedszkolu pokazuje, że Jan jest zainteresowany zabawą innych dzieci, ale nie nauczył się jeszcze nazywać swoich pomysłów i brak mu inicjatyw związanych z zabawą. Zamiast tego podejmuje inicjatywy nieprzewidywalne dla innych dzieci. Dzieci szybko czują się zagrożone przez Jana. W konsekwencji powstają konflikty na które Jan często reaguje agresywnie, biciem innych dzieci. Wtedy musi wkroczyć wychowawca. Wychowawcy niepokoją się już w momencie, w którym Jan zbliża się do miejsca, gdzie znajduje się grupa bawiących się dzieci. Wynikiem jest powstanie wielu konfliktów, również na płaszczyźnie wychowawca-rodzic.

Sensem terapii Marte Meo jest poszukiwanie nie problemu, ale stojącego za nim przesłania. Zadaniem terapeuty jest odczytać „przesłanie stojące za problemowym zachowaniem Jana".

Diagnoza Marte Meo wskazuje, że Jan nie nauczył się nazywania własnych inicjatyw. Dlatego szybko dochodzi do konfliktów z innymi dziećmi, które nie potrafią przewidzieć, jaki plan ma Jan i co zamierza. Dzieci obawiają się, że będzie przeszkadzał im w zabawie.

Wynikiem obserwacji wideoklipów jest to, że:

- Jan powinien nauczyć się nazywać własne pomysły na zabawę, aby stał się widoczny i przewidywalny dla innych dzieci.
- Jan, nazywając swoje inicjatywy w zabawie, da innym dzieciom możliwość dołączenia do swojej zabawy.

Terapeuci Marte Meo wiedzą z różnych obserwacji, jakiego wsparcia potrzebują dzieci, aby w sposób naturalny w codziennym kontakcie z rodzicami/opiekunami miały szanse nauczyć się nazywania własnych inicjatyw.

Dla dziecka, które jeszcze nie używa języka w połączeniu z jego spontanicznymi inicjatywami, rodzice przejmują nazywanie dziecięcych inicjatyw, tworząc związek między tym, co dziecko robi, a słowami opisującymi działanie dziecka.

W ten sposób dzieci uczą się postrzegania, tego co same robią/rozpoznają, że:

- ich działanie jest widziane,
- ich działanie zostało nazwane,
- istnieją różne słowa nazywające ich działanie, pomysły na zabawę, określające ich życzenia oraz emocje,

- same mogą powiedzieć, co robią, nazwać swoją czynność, a tym samym zaprezentować się innym dzieciom i zachęcić je do wspólnej zabawy,
- umiejętność nazywania własnych czynności i pomysłów może pozytywnie zmienić atmosferę.

Przez nazywanie własnego działania dzieci zwracają uwagę na siebie, na swoje pomysły, życzenia, plany i emocje. Uczą się postrzegać siebie z pomocą dorosłych. Tylko z dobrym samospostrzeganiem siebie dziecko otrzymuje możliwość kontrolowania własnego zachowania. W tej fazie rozwoju[61] osoby dorosłe powinny zwracać szczególną uwagę na dziecięce inicjatywy.

Dorosły powinien rozpoznać intencje, życzenia i oczekiwania dzieci we wspólnej sytuacji[62]. Poprzez nazywanie poznają świat dziecka, poznają, co i w jakim momencie jest dla dziecka ważne (wewnętrzny świat dziecka).

Przykład Jana pokazuje, jak konkretne informacje na temat dialogów wspierających rozwój naturalny między rodzicami i ich dziećmi pomagają zrozumieć przesłanie stojące za problemowym zachowaniem dziecka i znaleźć sposób, aby konkretnie wesprzeć dziecko na jego aktualnym etapie rozwoju.

Kiedy problemy są postrzegane jako możliwości odkrywania nowych kroków rozwojowych, radzenia sobie z nimi, a następnie obserwowania zmian, klienci zyskują wiarę w samodzielne pokonywanie własnych trudności. W tym celu potrzebują informacji o tym, jak reagować w przyszłości na podobne problemy.

Podsumowanie

„Problem".

Przesłanie kryjące się za problemem: „Jeszcze się nie nauczyłem i jeszcze nie rozwinąłem".

Odkrycie momentów, czyli kolejnych etapów rozwoju dziecka oraz uczenia się z nim w życiu codziennym umiejętności wspierających rozwój.

Pokazanie w klipie wideo momentu wsparcia rozwoju lub szansy na rozwój, wskazówki do realizacji wsparcia (w jaki sposób).

Ocena sytuacji w kolejnym filmie wideo i uzgodnienie dalszych kroków.

W tym celu najlepszą pomocą są klipy wideo wyświetlane podczas konsultacji. Klipy wideo z codziennego życia pokazują klientowi, co już poprawnie robi, aby osiągnąć swój cel[63].

Dzięki tym informacjom klient dowie się, jak z powodzeniem może zachowywać się w danej sytuacji, aby nie spowodować powstania nowego problemu. Ponadto, przy wsparciu terapeuty, klient może odkryć nowe, pozytywne możliwości, a następnie je wypróbować. Jeśli to, co klient robi w inny sposób, jest filmowane i tego rodzaju zachowanie daje pozytywny wynik, klient sam dostrzeże swoją skuteczność, jak zachowywać się w poszczególnych sytuacjach.

W naszym przykładzie z Janem nauczyciele dostrzegli pewne sytuacje, w których nazywali oni inicjatywy Jana. Nie byli świadomi tych momentów ani nie potrafili rozpoznać znaczenia ich udziału w rozwoju Jana. Stało się to dla nich jasne w konsultacji Marte Meo. Ten pozytywny sposób wsparcia został potwierdzony przez terapeutę. Pokazał on, jak wspierać Jana w codziennym życiu przedszkolnym i jak łączyć jego inicjatywy ze słowami.

W ten sposób, Jan po odbyciu terapii nauczył się nawiązywać kontakt podczas zabawy z innymi dziećmi.

Oczywiste jest, że dla powodzenia samej konsultacji Marte Meo decydujący jest wybór odpowiednich klipów filmowych. Po obejrzeniu filmu z codziennego życia klienta, terapeuta Marte Meo wybiera odpowiednie wideoklipy[64].

Przed konsultacją i przed wyborem odpowiednich klipów wideo i scen, terapeuta powinien wiedzieć, co klient chce osiągnąć, poznać lub zmienić w zachowaniu dziecka. Początkiem każdej profesjonalnej porady lub terapii będzie umowa pomiędzy konsultantem i klientem[65].

Terapeuta potrzebuje również informacji o tym, kto ponosi odpowiedzialność w filmowanej sytuacji. W przypadku rodziców i małych dzieci oczywiste jest, że rodzice lub opiekunowie ponoszą wyłączną odpowiedzialność za wydarzenia oglądane w klipie wideo. Tak więc rodzice/opiekunowie aktywnie uczestniczą w konsultacjach. W przypadku starszych dzieci i nastolatków odpowiedź na pytanie o odpowiedzialność jest już trudniejsza. Dzieci z wiekiem przejmują więcej odpowiedzialności za swoje zachowania. Często włącza się je bezpośrednio w konsultacje[66]. W powyższym przykładzie Pawła i jego matki odpowiedź jest oczywista. Paweł jest małym dzieckiem, a rodzice ponoszą wyłączną odpowiedzialność za zdrowy rozwój ich syna. Dotyczy to w szczególności procesów we wspólnych codziennych sytuacjach.

W życiu codziennym można odróżnić sytuacje wolne podczas dialogu lub zabawy od sytuacji, w których ważne jest podejmowanie działań/kierowania dla osiągnięcia wspólnego celu[67].

Oczywiście często mamy do czynienia z płynnym przejściem pomiędzy swobodną a ukierunkowaną komunikacją celową. Staje się to jasne, gdy mama Pawła zaczyna od pozytywnego momentu kontaktu wzrokowego z Pawłem, tj. „wolną" chwilą, a następnie, gdy Paweł jest gotowy na uzyskanie nowej informacji od mamy, ta nazywa to, co nastąpi w następnym momencie. Daje to Pawłowi odpowiednie informacje na temat tego, jak z powodzeniem współpracować z mamą podczas ich wspólnych codziennych momentów.

Wybierając klipy wideo do poradnictwa, terapeuta musi zdecydować, jakich informacji rodzice potrzebują, aby wypełnić zadanie doradcze i odpowiedzieć na pytania rodziców.

Należy wybrać obrazy, które przekażą odpowiednie informacje. Wybierane są obrazy oraz krótkie sceny, które pokazują, w jaki sposób rodzice wspierają swoje dziecko w aktualnym momencie, jak mogą pomóc dziecku w kolejnym kroku rozwojowym. Terapeuta pokaże rodzicom te sceny, które będą sprzyjać w osiągnięciu ich celu. W przypadku braku odpowiednich informacji w klipie wideo, można wziąć pod uwagę momenty, w których istnieje możliwość wsparcia dziecka w pożądany sposób i przekazać informacje typu przypuszczającego np. „taka reakcja może pomóc…". Prezentacja klipów wideo odbywa się krok po kroku w formie krótkich scen wideo[68]. Ma to na celu umożliwienie klientowi rozpoznanie i wykorzystanie jego korzystnych zachowań w relacji z dzieckiem. Wymaga to od terapeuty, aby przed pokazaniem filmu poinformował rodzica/opiekuna, na co zwracać będzie szczególną uwagę. W ten sposób klient skoncentruje swoją uwagę na momentach wspierających. Podczas prezentacji klipu wideo terapeuta podkreśla, co jest istotne i może okazać się pomocne w następnym etapie rozwoju. Kolejną ważną informacją jest wyjaśnienie, dlaczego określone zachowanie jest pomocne, czemu służy w konkretnym kontakcie z dzieckiem.

Terapeuta pokazuje, w jaki sposób dziecko reaguje na zachowanie rodzica/opiekuna we wpierającym momencie. W momencie, kiedy rodzic/opiekun zrozumie, dlaczego jego konkretne zachowanie działa wspierająco, będzie w stanie własnymi siłami rozwiązać problem. Należy tutaj podkreślić przyszłe korzyści płynące z informacji uzyskanych we wspólnej analizie, w jakich sytuacjach życia codziennego przedstawione zachowanie może się zdarzyć w życiu codziennym z dzieckiem. Osoba dorosła otrzymuje sugestie, które może wdrożyć natychmiast po konsultacji[69].

Na zakończenie spotkania ustalony zostaje następny termin konsultacji. Następny film pokarze zmiany w zachowaniu dziecka spowodowane zmianą zachowań rodziców, omówionych na poprzednim spotkaniu. W ten sposób rodzic/opiekun może być naocznym świadkiem pozytywnych zmian dokonywanych przez siebie. Takie postępowanie pomaga rodzicowi/opiekunowi zaufać własnym umiejętnościom radzenia sobie z dzieckiem. Po każdej konsultacji, wspólnie rozważana jest kwestia, które z zachowań rodzica/opiekuna wpłynęły pozytywnie na zmianę zachowania dziecka i jakie następne zmiany będą konieczne.

Podsumowanie

Wraz z klipami wideo prezentowane są informacje:

- co w danym momencie wpływa wspierająco na rozwój dziecka,
- dlaczego przedstawione zachowanie wpływa sprzyjająco na rozwój nowych zachowań,
- kiedy pokazane zachowanie powinno być wykorzystane w codziennym życiu z dzieckiem.

Ważnym aspektem w terapii Marte Meo jest wspieranie procesu rozwoju i nauczania rodzica/opiekuna w ten sposób, aby rodzic/opiekun jak najszybciej był w stanie problem samodzielnie rozwiązać. Widząc, że porada metodą Marte Meo w sposób długo-trwały nie osiąga oczekiwanego efektu, wskazane jest rozszerzenie terapii o inne formy dodatkowego wsparcia dopasowanego do aktualnych potrzeb klienta.

Terapeuta jest odpowiedzialny za atmosferę i przebieg spotkania. Dobra, pozytywna atmosfera, chwila na „rozmowę o błahostkach", „coffee, cookies and the dog"[70], pozwala na nawiązanie dobrego kontaktu z klientem.

Aby nawiązać dobry kontakt, terapeuta przygotowuje pozytywne, ładne ujęcie wideo (na ekranie, w momencie wejścia rodzica/opiekuna do gabinetu, na początku spotkania). Tym samym będzie jasne, bez zbytecznych słów, że w pracy metodą Marte Meo wykorzystywane są już istniejące zdolności, które należy wykorzystywać i na nich należy się koncentrować, aby istniejący problem rozwiązać lub przyczynić się do jego rozwiązania. Rodzic/opiekun powinien być poinformowany o przebiegu całego procesu o sposobie, w jaki będą przebiegały poszczególne spotkania terapeutyczne. W tym celu terapeuta pod koniec każdego spotkania formułuje nowe zadania, wymienia dotychczasowe wspólne działania i osiągnięcia.

Ponieważ terapia Marte Meo w dużej mierze oparta jest na dialogu, istotne jest, aby profesjonalnemu terapeucie znane były techniki prowadzenia dialogu wspierającego rozwój, zapraszające klienta do aktywnej dyskusji. Oprócz informacji o wideoklipie należy zwrócić szczególną uwagę na reakcję klienta. Terapeuta po pokazaniu wideoklipu odczekuje reakcję klienta, potwierdza ją i nawiązuje do niej zanim przejdzie do następnego wideoklipu. Istotne i ważne jest pozostawienie klientowi wystarczająco dużo czasu na emocjonalne rozprawienie się z oglądanym materiałem wideo.

W tych momentach terapeuta powinien w miarę możliwości towarzyszyć klientowi sympatią i empatią[71], podążając za klientem, zapraszając go do rozmowy o tym, co go porusza.

W ten sposób terapeuta dowiaduje się, jaką informacje z wideoklipu klient przyjmuje, jak odkłada ją w swojej pamięci i jak ją przetwarza. Gdy klient otrzyma możliwość włączenia własnych myśli i pomysłów do dialogu z terapeutą, spełniony zostanie warunek „konsultacji na partnerskim poziomie"[72]. Każda porada Marte Meo powinna kończyć się propozycją nowego, konkretnego kroku dla rodziców. Decydujące jest, żeby rodzice zrozumieli, że ten nowy krok będzie łatwy do wdrożenia w ich codzienne życie i że będzie to krok pojedynczy[73]. Porada kończy się perspektywą dalszego postępowania i odpowiednich umów między terapeutą a klientem.

Podsumowanie

- za atmosferę pracy i dobrą orientację w procesach podczas sesji odpowiedzialny jest terapeuta,
- rytm porad Marte Meo to: wideoklip, informacja, krótki dialog,
- poradę zamyka konkretna informacja, jak ma wyglądać następny krok, co będzie następnym zadaniem, a także ustalenie dalszego działania oraz terminu następnego nagrania wideo.

W następnych filmach skupiamy uwagę na tym, czy uzgodnione zalecenia wpłynęły na codzienne życie rodzica/opiekuna z dzieckiem. Dzięki temu rodzic/opiekun uczy się doceniać efekty swoich własnych działań, doświadczać własną skuteczność, co umożliwi mu rozwój własnych, nowych umiejętności krok po kroku.

Marte Meo jest nowoczesną metodą poradnictwa i coachingu[74], pomaga klientom zrozumieć, wykorzystać oraz dostosować własne umiejętności i zdolności do radzenia sobie z wyzwaniami codziennej pedagogiki.

Marte Meo to „konsultacja na partnerskim poziomie", pokazująca rodzicom/opiekunom i terapeutom sukces ich współpracy na każdym kolejnym etapie procesu rozwoju, w naszym przypadku dziecka. W ten sposób możliwe jest dokonanie niezbędnych zmian i dzielenie się sukcesem.

2 Część 2: Materiały robocze

2.1 Okno obserwacyjne do oceny i wspierania kroków rozwojowych (listy kontrolne)

Poniższy rozdział książki zawiera pytania, które wskazują okna obserwacji oraz konkretne możliwości wspierania kolejnych etapów rozwoju dziecka. Listy kontrolne Marte Meo ułatwiają analizę interakcji wideo, pomagają w wyborze adekwatnych wideoklipów na spotkania z rodzicem/opiekunem. Wideoklipy odnoszą się do „aktualnych" trudności i obszarów problemowych, które często są powodem poszukiwania profesjonalnej pomocy.

W odniesieniu do odpowiednich „problemów", nie jest istotne, by listy kontrolne spełniały oczekiwania systematyczności lub były kompletne, powinny być jednak czytelne i pasujące do informacji Marte Meo, którą chcemy przekazać. Powinny dostarczać dodatkowych sugestii, decydować o następnym kroku w procesie.

Jak dotąd okazały się one bardzo przydatne w identyfikacji możliwości rozwoju. Listy służą do własnej ewaluacji i pomagają w zapisaniu diagnozy, są pomocne w ustaleniu punktu wyjścia w terapii, w stawianiu diagnozy Marte Meo.

Aby sformułować „diagnozę rozwojową Marte Meo"[75] należy dokonane obserwacje uznać za wiarygodne, kiedy poszczególne sposoby zachowania utrzymują się stale lub są nieobecne[76].

Tylko wtedy mogą one być uznane za niezależne od sytuacji, bieżących wpływów, np. dodatkowe aktualne sytuacje stresowe.

Większość list kontrolnych pochodzi z podręcznika podstawowego Marii Aarts. Podręcznik ten zawiera dodatkowe informacje.

47

W niniejszym tekście są one również uzupełnione informacjami na temat możliwości wsparcia rozwoju indywidualnych umiejętności. Lista kontrolna dotycząca organizacji sytuacji odrabiania zadań domowych pochodzi z praktycznej pracy instytucji opieki nad młodzieżą i sprawdziła się w pracy rodzicielskiej. W książce Marte Meo pt. „Method for Schools" Josje Aarts dostarczyła więcej list dla nauczycieli i uczniów. Dalsze listy, szczególnie dotyczące *Review* (przegląd filmu) z dziećmi i młodzieżą, można znaleźć u Marii Aarts (2014).

Lista kontrolna oceny i wspierania niemowląt z problemami regulacji (np. krzyczące niemowlaki) i ich rodziców

Czy rodzice czekają i śledzą inicjatywę niemowlęcia?

Gdy rodzice postrzegają i śledzą inicjatywę dziecka, dostosowują się tempem do dziecka i zwracają uwagę, w jakim kierunku podąża zainteresowanie niemowlęcia w danym momencie. Poprzez powtarzanie takiej sytuacji niemowlę doświadcza więzi z rodzicami. Takie doświadczenie ma efekt relaksujący i łagodzący stres, pomaga niemowlęciu regulować pojawiające się emocje. W ten sposób rozwijają się relacje między rodzicem a niemowlęciem, powstaje więź dziecko-rodzic, w miarę upływu czasu rozwija się bezpieczna więź (przywiązanie).

Czy rodzice dobrze wspierają pozytywne inicjatywy niemowlęcia przez powtarzanie gaworzenia i odzwierciedlają mu pozytywną miłą twarzą?

Emocje dzieci zmieniają się bardzo szybko. Jeżeli rodzice podążają za dzieckiem w pozytywnych chwilach, dzieci będą w stanie pogłębić i rozszerzyć te krótkie doświadczenia. W ten sposób rodzice będą pozytywnie wspierać regulację afektów u dzieci.

Czy rodzice podążają za wzrokiem niemowlęcia i wspierają je, nazywając to, na co ono patrzy?

Niemowlęta używają swojego spojrzenia, by pokazać, że są we wspólnym momencie, zwracają na siebie uwagę. Rodzice, którzy podążają za wzrokiem dziecka, znajdują związek z poznawczymi i emocjonalnymi przeżyciami, które niemowlę doświadcza w tym momencie. Nazywając to, co dziecko widzi i przetwarza, niemowlę może czuć się bezpiecznie podczas eksploracji świata.

Czy rodzice używają ciepłych tonów i dobrych twarzy, aby stworzyć ciepłą atmosferę?

Ciepła atmosfera jest przekazywana przez „dobre dźwięki" i „dobre twarze". Promuje dobre samopoczucie dziecka we wspólnym momencie i umożliwia pozytywne relacje oraz doświadczenia edukacyjne.

Czy widoczna jest emocjonalna wymiana rodziców z niemowlęciem, w oparciu o emocjonalne inicjatywy dziecka?

Wymiana emocjonalna z dzieckiem, która opiera się na emocjonalnych inicjatywach dziecka, uczy dziecko, że jego inicjatywy są dostrzegane i akceptowane. Przygotowuje podstawy do rozwoju pozytywnego obrazu samego siebie.

Czy rodzice używają „dźwięków uwagi"?

Niemowlęta są bardzo wrażliwe na dźwięk głosu swojego rodzica/opiekuna. Dźwięki tworzą kontekst dla interpretacji sytuacji. W sytuacjach komunikacji i zabawy, dźwięki uwagi są wykorzystywane, aby pomóc dziecku skupić uwagę na centrum zainteresowania. W innych sytuacjach, np. w sytuacjach kładzenia niemowlęcia spać, używane są dźwięki uspokajające.

Czy rodzice pokazują inicjatywy?

Niemowlęta są zależne od komunikacji, a tym samym od inicjatyw ich rodziców. Rodzice nie zawsze są świadomi, że to właśnie oni jako osoby oraz ich inicjatywy mają kluczowe znaczenie na rzecz dobrego samopoczucia i rozwoju ich dzieci. W takich przypadkach rodzice potrzebują wsparcia, jak takie sytuacje rozpoznać i podjąć odpowiednie działania.

Czy rodzice dają niemowlęciu czas na przyjęcie jego informacji?

Niemowlęta potrzebują dłuższego czasu na reagowanie na inicjatywy ze swojego środowiska. Kiedy rodzice czekają na reakcje swoich dzieci, dzieci mają możliwość wniesienia własnego wkładu w komunikację i doświadczyć bycia znaczącym partnerem komunikacji. Czekanie na reakcje dziecka jest wyrazem szacunku, a zatem stanowi model życia społecznego.

Czy rodzice komunikują się na przemian z niemowlęciem w oparciu o własne inicjatywy?

Rodzice, którzy z własnej inicjatywy dają niemowlęciu czas na reakcję, zapewniają, że dziecko może uczyć się i ćwiczyć wzajemną komunikację. Jest to inwestycja w umiejętności komunikacyjne dziecka.

Czy rodzice ze sobą współpracują?

Dzieci potrzebują rodziców, którzy potrafią współpracować, koordynować, komunikować się między sobą oraz w interakcji z dzieckiem. Dzięki temu zapewniają jasność, pomagają dziecku orientować się i z nimi współpracować.

Czy rodzice kierują niemowlęciem pozytywnie?

Oprócz pozytywnej atmosfery niemowlęta reagują w wielu sytuacjach na pozytywne kierowanie rodziców. Rodzice, pozytywnie kierując niemowlęciem, wspierają je w działaniu i współdziałaniu, co z kolei daje początek rozwoju ich kompetencji społecznych.

Lista kontrolna do oceny i wybrania odpowiedniej drogi terapeutycznej Marte Meo wspierającej dzieci z rozległymi trudnościami (na przykład z rozpoznaniem ADHD/ADD)

Podstawowe wymagania, jakich potrzebują dzieci z diagnozą ADD, przewodnie zasady dla pracy metodą Marte Meo, to:

Tworzenie pozytywnej atmosfery:

- używaj „dźwięków konwersacji", nie (głównie) „tonów korygujących",
- gdy dziecko się uśmiecha, odzwierciedlaj wyraz twarzy dziecka, zadbaj o dłuższy moment pozytywnej wymiany emocjonalnej,
- pokaż dziecku od czasu do czasu „dobrą twarz".

Wiele dzieci z problemami zachowań rzadko spotyka się z pozytywnymi reakcjami opiekunów i widzi „dobre twarze". Dobra twarz to przesłanie: „lubię być z tobą", pokazuje dziecku, że ktoś jest z niego zadowolony. Dzieci te zbyt często widzą, że dorośli są nimi zawiedzeni, w rezultacie często unikają kontaktów twarzą w twarz. Dzieci z diagnozą ADHD/ADD potrzebują stymulacji zewnętrznej i wewnętrznej struktury.

Stymulacja struktury wewnętrznej:

Nazywanie dziecięcych inicjatyw umożliwia i ułatwia samorejestrację i samoregulację dziecka. Dzieci z ADD potrzebują takiej pomocy dłużej niż dzieci bez tego zaburzenia. Rodzice intuicyjnie spostrzegają inicjatywy niemowląt i małych dzieci. Kiedy dziecko rozwinie zdolność samodzielnej rejestracji, rodzice/opiekunowie zaprzestają takiej formy wspomagania rozwoju, co powoduje zatrzymanie rozwoju samoregulacji.

U dzieci z diagnozą ADD rodzice powinni udzielać takiego wsparcia przez dłuższy czas (być może wbrew intuicyjnemu *odczuciu*), w którym dziecko nauczy się samodzielnej rejestracji. Zdrowa samoocena u dciecka powoduje, że nie musi ono negatywnym zachowaniem zwracać na siebie uwagi.

Stymulacja pozytywnego obrazu samego siebie:

Nazywanie myśli i emocji zachowania dziecka: w ten sposób rodzice pomogą dziecku „pozytywnie wzbogacić" obraz samego siebie, osiągną to poprzez zdania typu: „to był dobry pomysł, abyś tutaj postawił szklankę", „jeśli chcesz to zrobić lepiej, pokażę ci, jak to zrobić!" itd.

Wybierz odpowiednie inicjatywy i wzmocnij je w momencie pojawiania się ich:

„Tak, to jest lepszy pomysł, tak, postaw kubki na stole". W ten sposób dziecko otrzymuje zachętę do dalszego działania.

Myśl dziecka: „to zrobiłem dobrze, jest w porządku, jestem ok". Jeśli dziecko lepiej rozumie strukturę sytuacji społecznej i wie, czego się od niego oczekuje, pomoże mu to samemu wybrać odpowiednią inicjatywę.

Rozwiń i uporządkuj inicjatywę dziecka, zakończ ją wyraźnym sygnałem:

Przykład: dziecko zaczyna malować, a po chwili przestaje, koncentrując się na innej rzeczy. Wspierające zachowanie rodzica polega na szybkiej reakcji nawiązującej do zaistniałej sytuacji: „chcesz malować, tak, tutaj jest już pędzel", „tutaj masz plastikową podkładkę, tak jest dobrze, tutaj leżą twoje farby". Kiedy dziecko kieruje się do umywalki, możesz powiedzieć: „a o tym zapomniałam, ty potrzebujesz wody!". Teraz rodzic powinien poczekać i zobaczyć, co się stanie, jeśli dziecko wykaże odpowiednią inicjatywę, należy je zachęcić do kontynuacji. Jeśli dziecko nie wykaże inicjatywy i nie weźmie odpowiedniego pojemnika na wodę, to rodzic ma okazję mu pomóc: „Weź szklankę, która tam stoi, woda się tak łatwo z niej nie wyleje". Takie zachowanie rodzica umożliwia dziecku wykształcenie odpowiednich modeli zachowań.

W ten sposób dziecko rozwija lepszą koncentrację, uczy się kontynuować i nie przerywać własnych czynności. Uczy się skupiania uwagi i doprowadzania zadania do końca. To z kolei wzmacnia pewność siebie u dziecka.

Rozpoznać emocje i rozwinąć modele radzenia sobie z nimi:

Nazywanie niewerbalnych inicjatyw pomaga dziecku dostrzec własne emocje. Kiedy twarz dziecka pokazuje radość, bo do pomieszczenia wchodzi tato, mama może powiedzieć:

„Cieszysz się, widząc swojego tatę!". To pozwala dziecku znaleźć właściwe słowa dla jego emocji, co jest istotnym elementem w wymianie emocjonalnej. Dzieci z ADD bardzo obciążają swoich rodziców swoim niepokojem. Szybkie skrajne zmiany emocjonalne są oznaką bardzo zmiennego życia emocjonalnego dziecka.

Dzieci od wieku niemowlęcego uczą się rozpoznawania własnych emocji. Ważne jest, aby wspieranie dziecka trwało tak długo, jak długo jest ono konieczne. Dzieci z ADD potrzebują pomocy w opanowaniu własnych emocji, same nie wiedzą, jak sobie z nimi poradzić. Tutaj potrzebna jest pomoc rodziców.

Nauka postrzegania inicjatyw innych ludzi:

Dzieci mogą być zachęcane do zwracania uwagi na inicjatywy innych osób poprzez ich rodziców; na przykład poprzez zdania: „Patrz, Tomek ma pędzel!", „Jan chce się bawić, ma też samochód!". W klipach wideo pierwszą oznaką postrzegania przez dzieci inicjatyw innych jest rozglądanie się wokół. To umożliwia dziecku zdobycie więcej informacji o innych dzieciach i ułatwia nawiązywanie kontaktu. Rodzice mogą również nazwać własną inicjatywę, aby pomóc dziecku zrozumieć, co robią i myślą inni. Mama, która gra w karty z dzieckiem, może powiedzieć: „została mi tylko jedna karta, jestem ciekawa, czy wygram!".

Dzieci z diagnozą ADD potrzebują jasnej zewnętrznej strukturyzacji sytuacji: dzieci te potrzebują jasnych sygnałów rozpoczęcia i zakończenia sytuacji:

Dzieci z ADD potrzebują wsparcia, aby uzyskać ogólny wgląd w sytuacje społeczne. Rodzice wspierają tutaj dziecko nazywając sytuację, np.: „patrz, zaczynają grać w piłkę", „te dzieci są w tym samym zespole". Obserwacja tego, co robią inni, dostarcza dzieciom wielu informacji społecznych. Kiwnięciem głowy sygnalizują rodzicowi, że sytuacje dostrzegają i rozumieją.

Objąć grupę i zadbać o sprawiedliwe podzielenie uwagi:

W pracy grupowej ważne jest, aby prowadzący zwracał się kolejno do każdego dziecka, poświęcił mu wystarczającą uwagę i zainteresowanie.

Społeczne wzorce zachowań – pozytywne kierowanie zamiast zakazów:

Rodzice powinni dać dziecku wskazówkę do zachowania alternatywnego w jego działaniu.

W konkretnych sytuacjach wymagane jest odpowiednie zachowanie dziecka, nadpobudliwe dzieci często pokazują swoim zachowaniem, że jeszcze takich zachowań nie wykształciły. Dzieci nie robią tego, czego oczekują od nich rodzice. Rodzice często reagują na niepożądane zachowanie dziecka słowem „nie". Zamiast tego ważne jest dla dziecka, aby usłyszało, jakiego zachowania rodzice od niego oczekują. Dzieci potrzebują konkretnej alternatywy do zachowania niepożądanego. W takich sytuacjach wskazane jest użycie tonu konwersacyjnego (nie głosu podniesionego).

Elementy modelu współpracy:

Przed przystąpieniem do kooperacji z dzieckiem (wspólnego zadania), konieczne jest opisanie całego zadania, po czym jego kolejnych kroków: „teraz będziemy piec ciasto". „Pierwsze, co robimy, to... i wtedy musimy..." – ważne jest nazywanie poszczególnych kroków w momencie działania.

Przy tym dobrze jest używać tonu pracy, nie tonu nakazującego lub korygującego. Nie mniej ważne jest podążanie za spontaniczną inicjatywą dziecka, wybraniem odpowiedniej i nadaniu jej struktury. Aby wspierać współpracę, rodzice powinni nazywać własne inicjatywy tak, aby być dla dziecka przewidywalnymi – jest to moment budowania modeli kooperacji.

Ocena potrzeb wspierania rozwoju społeczno-emocjonalnego – wybór odpowiedniego rodzaju wsparcia

Lista ta obejmuje zachowanie, które pozwala dzieciom bawić się i współpracować z innymi. Daje ona wskazówki dotyczące oceny poziomu rozwoju i potrzeb wsparcia dziecka. Ponadto przy pomocy tej listy określone zostaną warunki umożliwiające wspieranie kooperacji.

Dziecko potrafi nazywać własne inicjatywy: „ja biorę samochód...":

Dzieci rozwijają zdolność nazywania własnych inicjatyw mając partnera, który dostrzega ich inicjatywę i ją nazywa, który potrafi nazwać własną inicjatywę w stosunku do dziecka.

Dziecko rejestruje inicjatywy innych:

Dziecko rozwija zdolność zauważania innych, kiedy w wystarczającym stopniu doświadczyło takich zachowań w stosunku do siebie.

Dziecko potrafi zakończyć własną inicjatywę i zwrócić swoją uwagę na innych:

Dzieci rozwijają tę zdolność w momentach, gdy dorośli zauważają wszystkich partnerów interakcji (*turn-taking*) na przemian i w wystarczającym stopniu umożliwiają dziecku kontakt z innymi dziećmi.

Zdolność do samodzielnej regulacji i rozwoju obrazu samego siebie:

Dziecko rozwija zdolność do samodzielnej regulacji, jeśli w wystarczającym stopniu nauczyło się siebie nazywać (patrz wyżej), jeśli wystarczająco często będą zauważone jego zalety i otrzyma zróżnicowane opinie. W ten sposób wspomagany jest rozwój pozytywnego obrazu samego siebie, swoich zdolności i możliwości.

Dziecko wybiera pasującą inicjatywę do odpowiedniego momentu:

Zdolność tę rozwijają dzieci, jeżeli w wystarczającym stopniu wspierane będą w rozpoznawaniu, tzn. czytaniu sytuacji społecznych. Dzieje się to w momentach, gdy dorośli w wystarczającym stopniu wskazują i nazywają społeczne procesy, sytuacje i ich przebieg.

Dziecko jest w stanie uporządkować własne inicjatywy i przenieść je na model zabawy (budowanie modeli zabawowych):

Dziecko uczy się porządkować własne inicjatywy, kiedy wcześniej nauczyło się te inicjatywy nazywać (patrz wyżej) i kiedy otrzymało wystarczająco dużo pozytywnych instrukcji/potwierdzeń od dorosłych we wspólnych sytuacjach zabawy.

Dziecko potrafi obserwować i zbierać społeczne informacje:

Dziecko uczy się obserwować, w ten sposób przyswaja sobie społeczne informacje, kiedy w wystarczającym stopniu otrzymało pozytywne sygnały społeczne od dorosłych, na przykład: miła twarz, przyjemny ton głosu, język odpowiedni do wieku dziecka.

Dziecko jest w stanie samodzielnie ogarnąć sytuację zabawową:

Dziecko uczy się ogarniać sytuacje zabawy, jeżeli otrzymało wystarczająco dużo wsparcia ze strony osób z doświadczeniem w zabawie i jej przebiegu.

Dziecko wykorzystuje dźwięki zabawowe i potrafi się dzielić z innymi:

Dziecko uczy się dźwięków od osób je wychowujących. Ruchowym inicjatywom dziecka towarzyszą odpowiednie atrakcyjne dźwięki.

Dziecko potrafi wyrażać własne emocje niewerbalnie:

Zdolność niewerbalnego pokazywania emocji jest cechą wrodzoną. Jest ona sygnałem społecznym i jest wspomagana, kiedy dorośli odzwierciedlają ją w wystarczającym stopniu.

Dziecko zwraca uwagę na niewerbalną inicjatywę innej osoby i sygnalizuje, że ją widzi:

Dzieci rozwijają zdolność do postrzegania niewerbalnych inicjatyw innych osób i reagowania na nie wtedy, kiedy same otrzymują wystarczająco dużo uwagi i szacunku do własnych pozawerbalnych sygnałów w momentach interakcji z innymi. Zazwyczaj dzieje się to dzięki osobom dorosłym, które budują związek między dziećmi: „patrz, Lena cieszy się z....".

Dziecko potrafi dawać i brać:

Dawać i brać odpowiada podstawowemu rytmowi ludzkiej komunikacji. Rytm ten ćwiczą już niemowlęta od momentu krótko po urodzeniu, poprzez interakcję i dzielenie się z rodzicami. Obserwacja dzieci pokazuje, że po etapie rozwoju motoryki rąk jest etap, w którym dzieci uczą się dawania i brania, tutaj dorosły często wymawia „proszę" i „dziękuję" – ćwiczenie. Dzieci są wspierane w dawaniu i braniu, kiedy wystarczająco często doświadczają, że zarówno dawanie, jak branie są społecznie atrakcyjne.

Potwierdza to wyraźne wspieranie przez rodziców. Na poziomie poznawczym, rodzice zwiększają zdolność do wymiany, kiedy mówią „ja i ty" w odpowiednich momentach interakcji.

Dziecko posiada zdolność werbalnej i niewerbalnej komunikacji z innymi:

Zdolność ta w dużej mierze daje gwarancje stałego miejsca w społecznej interakcji. W ten sposób dziecko będzie partnerem w interakcji na równi z innymi dziećmi. Dzieci doświadczają tego dzięki rodzicom, którzy zapewniają partnerską komunikację w rodzinie.

Dziecko rozwinęło dźwięki kooperacji:

Zdolność ta, w dużej mierze, jest odbiciem zachowań rodziców, którzy w momentach kooperacji wykorzystują odpowiednie dźwięki współpracy. W ten sposób dziecko uczy się rozróżniać sytuacje społeczne, na przykład odróżniać zabawę od sytuacji kierowanej.

Dziecko potrafi przedstawić historyjki zabawowe:

Umiejętność przedstawienia historii zabawowej towarzyszy doświadczeniu, jakie dziecko dotychczas miało, czy jego własne pomysły na zabawę są ciekawe i atrakcyjne dla innych. Zdolność ta wspierana jest pozytywnym potwierdzaniem dziecięcych pomysłów. W razie konieczności, dorosły inspiruje dziecko dodatkowymi własnymi pomysłami.

Dziecko rozwinęło modele społeczne:

Dziecko uczy się modeli społecznych, jeżeli kierowane jest w nich w sposób pozytywny. Krok po kroku uczy się kompetentnego zachowania w sytuacjach społecznych.

Dziecko radzi sobie z krytyką i frustracją:

Dziecko wykształca tę zdolność, jeżeli nauczyło się nazywać własne emocje i w sytuacjach problematycznych doświadczyło empatii osób drugich. Rozwinęło pomysł, jak radzić sobie w podobnych sytuacjach.

Dziecko posiada modele rozwiązywania problemów:

Jeśli dzieckiem pokieruje się tak, aby poradziło sobie samo z niewielkimi trudnościami samodzielnie, to rozwinie ono przekonanie, że jest w stanie poradzić sobie z problemami w przyszłości. Rozsądne wsparcie dorosłego jest wskazaniem drogi do samodzielnego rozwiązania problemu, jest ono ważne i wspiera rozwój dziecka.

Dziecko porusza się wraz z innymi w „społecznym tańcu":

„Społeczny taniec" – w zmieniających się warunkach socjalnych dziecko potrafi zachować się odpowiednio w nowo powstałej sytuacji. Zdolność ta to umiejętność dziecka do spontanicznych zachowań, jest ona wspierana przez dorosłych. Dzieci uczą się poprzez konsekwentne podążanie za nimi w momentach ich aktywności, poprzez potwierdzanie oczekiwanego zachowania, poprzez doświadczenie empatii i pewności siebie, jak i poczucia bezpieczeństwa. Przez pewność siebie rozumiemy, że dziecko może ufać swojej percepcji, myślom i uczuciom.

Dziecko jest w stanie koncentrować się:

Zdolność do koncentracji rozwija się u dziecka bardzo wcześnie, w chwilach, gdy dorośli podążają za inicjatywą dziecka. W ten sposób dziecko uczy się dłużej pozostawać przy swoich zainteresowaniach.

Dziecko posiada różne modele zabawowe:

Kiedy partnerzy zabawy wspólnie z dzieckiem rozwijają nowe wspólne pomysły na zabawę, wtedy dzieci uczą się nowych modeli zabaw i mogą je wypróbować.

Dziecko, aby wyrazić własne fantazje, uczy się nowych słów od innych:

Jeśli partnerzy zabawy używają nowych słów, które związane są z inicjatywą dziecka, to dziecko korzysta z nich włączając nowe słowa bezpośrednio do zabawy. W ten sposób poszerza swoje słownictwo.

Dziecko potrafi cieszyć się razem z innymi i miło spędzać czas:

Dziecko, które wcześnie nauczyło się w swojej rodzinie dzielić i cieszyć się pozytywnymi uczuciami z innymi, potrafi takie doświadczenie przekazać towarzyszom wspólnej zabawy i cieszyć się razem z nimi.

Dziecko potrafi wyrażać uczucia i się nimi dzielić:

Dziecko uczy się, że jego uczucia są dostrzegane, rozumiane i odwzajemniane przez opiekunów już bardzo wcześnie. Jest to podstawą rozwoju zdolności do wymiany społeczno-emocjonalnej.

Dziecko potrafi współpracować, negocjować i wczuć się w sytuację innej osoby:

Modele kooperacji trenowane są już we wczesnym dzieciństwie. Dzieci uczą się bardzo wcześnie tych modeli, w chwilach współpracy, na przykład podczas przewijania. Kiedy rodzic/opiekun połączy dobrą atmosferę z pozytywnym sposobem kierowania, nazywaniem poszczególnych czynności, to w ten sposób będzie dla dziecka przewidywalny. Dzięki temu dziecko pozna dorosłego i może wczuć się w jego sytuację. Zdolność dziecka do negocjacji przy zaawansowanym rozwoju mowy zapewniona jest poprzez pozytywny obraz przekazany dziecku przez dorosłych.

Dziecko potrafi komunikować z różnymi osobowościami:

Dziecko potrzebuje wsparcia w orientacji społecznej. Gdy dorośli w wystarczającym stopniu pomagają dziecku zrozumieć, co we wspólnej sytuacji odczuwa inna osoba, dziecko uczy się, że ludzie są różni, że działają i (reagują) w różny sposób.

Dziecko rozwija zaufanie do prezentowania samego siebie (autopromocja):

Jeżeli udział dziecka w rozmowie jest wystarczająco zauważany i potwierdzany, jego obraz siebie, jego myśli i wypowiedzi są akceptowane, to rozwinie ono poczucie zaufania do własnego obrazu i wiarę we własną skuteczność. Wiarę, że jego pomysł jest dobry.

Dziecko najlepiej poznaje siebie, obserwując reakcje innych ludzi na siebie:

Dziecko rejestruje reakcje innych ludzi, uzyskuje informacje zwrotne od innych, jak jest odbierane. W ten sposób dowiaduje się, że skutki jego inicjatyw będą różne. Z tych różnych odpowiedzi dowie się, jakie inicjatywy najlepiej pasują do danej sytuacji.

Dziecko uczy się przegrywać i radzić sobie ze stratą oraz rozczarowaniem:

Dziecko uczy się obchodzić z rozczarowaniem, kiedy bliskie mu osoby w sytuacjach niepowodzeń przekazują mu, że rozumieją jego rozczarowanie i że będzie jeszcze wiele innych okazji (nowa zabawa, nowa szansa).

Dziecko może poradzić sobie z wygranymi i pozytywnymi oczekiwaniami:

Dziecko, które otrzyma wsparcie, jak dzielić się pozytywnym doświadczeniem z innymi, nauczy się dzielić własnym pozytywnym doświadczeniem. Równocześnie nauczy się, że nie zawsze odnosiło będzie sukces, a takie doświadczenie jest prawidłowe i normalne.

Dziecko może cieszyć się radością innych:

Dziecko uczy się, że może skorzystać z dobrych doświadczeń innych ludzi, przyłączając się do radości z ich sukcesów. Prawidłowe jest, jeżeli dziecko przyjmie jako pewnik (aksjomat), że „podzielona radość to podwójna radość".

Dziecko potrafi dostosować się do rytmu ruchu innych:

Dostosowanie się do rytm ruchu innych ludzi opiera się na bardzo wczesnym doświadczeniu dziecka, „dialogu tonu" /życia płodowego/z matką. To doświadczenie wzmocnione będzie poprzez wymianę i wspólną ekspresję uczuć. Przykładem jest znane nam zjawisko, gdy „każdy kibic wyrzuca ręce do góry, kiedy jego drużyna zdobędzie bramkę".

Wskazówki dotyczące przygotowania sytuacji „odrabianie zadania domowego" na przykładzie interakcji matka-dziecko:

Odrabianiu zadania domowego często towarzyszy stres ze strony rodziców i dzieci. Kolejne wskazówki dla rodziców i opiekunów pochodzą z „Ośrodka pomocy dzieciom i młodzieży", który korzysta z metody Marte Meo w swojej pracy.

Zasygnalizuj jasno początek, odczekaj gotowość:

Mama spogląda na dziecko. Dziecko spogląda na mamę. Mama mówi: „zaczynamy". Dziecko może dostosować się do sytuacji.

Podaj konkretną wskazówkę przebiegu wspólnej akcji:

„Wypakuj rzeczy z tornistra. Zobaczymy, co masz do zrobienia" – dziecko samo wypakowuje przedmioty, samo z tym sobie radzi, w ten sposób otrzymuje sygnał: zadanie domowe – to moje obowiązki, a szkolne rzeczy – to moje rzeczy.

Daj dziecku czas, aby zrobiło to samodzielnie:

Dziecko potrzebuje czasu, aby zorientować się w powierzonych mu zadaniach. Mama obserwuje twarz dziecka, czy ono sygnalizuje: „teraz rozumiem" – czeka na ten sygnał, by kontynuować.

Podziel nowe zadania na małe kroki i potwierdź kroki pośrednie:

Dziecko wyjaśnia, w jaki sposób chce podejść do zadania i jak chciałoby je zrobić. Mama potwierdza: „tak, tak, to prawidłowe rozwiązanie" – dziecko rejestruje: "jestem na dobrej drodze", pozostając w dobrej współpracy z mamą.

W zadaniach skomplikowanych:

Ważne jest potwierdzenie nawet małych sukcesów (np. po każdej napisanej literze), tym samym dziecko zostanie zmotywowane. Mama potwierdzi: „tak, właśnie tak jest dobrze".

Każdy krok zakończ sukcesem:

Po każdym odcinku poradzenia sobie z zadaniem, potwierdź, zakończ pozytywną uwagą, mniej więcej tak: "Teraz można sprawdzić, czy zadanie jest poprawnie zrobione. Dobrze, tak, teraz możesz przystąpić do następnego zadania, co musisz zrobić teraz?". To potwierdza dziecko pozytywnie, daje strukturę i pomaga mu kontynuować współpracę.

Praktykuj model wzajemnego szacunku:

Mama mówi: „pokaż mi, proszę, twój piórnik", zamiast wziąć go sama. Takie działanie przekazuje informacje: „to twoje rzeczy, twoje obowiązki i ja to szanuję". W ten sposób dziecko uczy się odpowiedzialności za swoje rzeczy, uczy się szanować innych ludzi i ich rzeczy.

Omów strategię rozwiązywania problemów:

Mama mówi o tym, co myśli o sposobie zrobienia zadania: „...to tak jest pomyślane, należy to napisać trzy razy". Dziecko otrzyma w ten sposób model, jak radzić sobie z niejasnościami i jak rozwiązywać problemy komunikując z innymi. Daje to dziecku odwagę, wzmacnia motywację w trudnych sytuacjach.

Poruszaj się w tempie dziecka i na jego poziomie rozumienia:

Pomysł dziecka na rozwiązanie będzie zauważony i potwierdzony. Mama: „aha, ty myślisz, że należy napisać tylko jednio zdanie...". Dziecko poczuje się ważne i kompetentne. Dostosuj się do tempa dziecka, potwierdź i odczekaj na kontakt wzrokowy. Dziecko zrozumiało? Dopiero wtedy podejmij następny krok.

Podąż za dzieckiem, kiedy odwróci uwagę i sprowadź go z powrotem do zadania:

Dziecko patrzy na zdjęcia na ścianie, jest rozproszone; mama podąża za wzrokiem dziecka, potwierdza jego aktywność i mówi: „Aha! To zdjęcie! Ale teraz spójrz tu, proszę, do swojego zeszytu". W ten sposób dziecko uczy się samo siebie kontrolować i wracać do zadania.

Ciesz się razem z dzieckiem jego osiągnięciami:

„Zrobiłeś to świetnie!" – przeżywanie pięknych i udanych momentów, nazywanie ich i dzielenie się nimi pomogą dziecku uzyskać pozytywne nastawienie do następnej związanej z zadaniem domowym sytuacji.

Lista kontrolna wideo konsultacji (opinie), zalecenia dla terapeutów i trenerów

Poniższa lista kontrolna służy do samooceny kompetencji terapeuty pracującego metodą Marte Meo; szczegółowe wskazówki można znaleźć w opisie Marte Meo (Aarts 2011, 109-134):

- daj emocjonalny początek/rozpoczęcie sytuacji,
- daj jasny sygnał początku sytuacji,
- zatroszcz się o korzystne warunki,
- wybierz odpowiednie miejsce/kto, gdzie siedzi,
- wyjaśnij przebieg procesu *Review,*
- wyjaśnij kolejność czynności krok po kroku,
- powtórz pytania, troski, życzenia lub ostatni punkt pracy z rodzicem /opiekunem,
- pokaż odpowiednie wideoklipy, pasujące do przekazywanej informacji,
- pozostań w kontakcie wzrokowym z rodzicem/opiekunem, gdy rozmawiasz z nimi, odczekaj reakcję, pozostaw czas na odpowiedź, na emocjonalną reakcję,

- zainteresuj klienta na nowo, gdy odchodzi od tematu,
- zaktywuj dialog,
- wspieraj każdy, nawet najmniejszy krok w rozwoju,
- zwrócić uwagę na emocjonalne inicjatywy rodziców/opiekunów,
- nazwij po imieniu stany emocjonalne rodzica/opiekuna,
- upewnij się, że dajesz sobie radę z techniką,
- zaakcentuj w każdym nowym omawianym temacie jasny i wyraźny początek i koniec,
- nazywaj swoje czynności w przebiegu spotkania,
- dobierz każdy wideoklip, odpowiedni do omawianej sytuacji/interakcji,
- nowe informacje przekaż wyraźnie tak, aby były przydatne rodzicowi/opiekunowi w interakcji z dzieckiem,
- połącz wspierające, inicjacyjne postępowanie rodzica z etapami rozwoju dziecka,
- dopasuj swój głos do sytuacji, zwróć uwagę na emocje, rzeczowość informacji,
- kooperuj z rodzicem/opiekunem,
- pomóż klientom uporządkować nowe informacje,
- zmieniaj ton głosu w sytuacji, np.: emocjonalny, rzeczowy, współpracy, określający itp.,
- zakończ sesję.

2.2 Propozycje/wzór umowy pracy z plikami wideo

Poniżej przedstawiono zalecenia dotyczące umów o tym, jak radzić sobie z filmami stosowanymi w pracy metodą Marte Meo.

Filmy wideo naszych klientów to ich własność, dlatego jest to podporządkowane wysokim wymogom prawnym i standardom zawodowym. Prawne standardy obejmują prawa osobiste, takie jak prawo do własnych nagrań i prawo do ochrony tajemnicy osobistej (RODO). Profesjonalne standardy etyczne wymagają szczególnej ochrony godności osobistej, w ramach poradnictwa lub terapeutycznych relacji. Oparte są na szczególnym zaufaniu, które obejmuje przetwarzanie materiału filmowego, jak i innych dokumentów, które odnoszą się do klientów w relacjach z terapeutą. Poniższe sformułowania są standardowe dla Marte Meo, ulegają ciągłym zmianom, dopasowane są do aktualnych przepisów prawnych kraju, w którym terapia jest proponowana.

Powinny one być dostosowane do specyficznych cech i potrzeb porad wychowawczych, jak i relacji klienta z terapeutą. Autor nie może zagwarantować odpowiedzialności za każdy jeden i w konkretnym przypadku użyty, fachowy zwrot, jak i prawne sformułowania.

Wzór umów z rodzicami do terapii Marte Meo

Drodzy Rodzice,

Wasz terapeuta uzgodnił z Wami warunki wideokonsultacji. W terapii Marte Meo jesteście nagrywani Wy i Wasze rodziny w celu znalezienia konkretnych kroków do rozwiązania trapiących Was problemów.

Po nagraniu, Wasz terapeuta analizuje nagrania wideo, w celu znalezienia najskuteczniejszego sposobu pomocy. Na wspólnym spotkaniu (*Review*) będzie można szczegółowo omówić nagrania.

Zgodnie z (RODO) zobowiązaniem do ochrony prywatnej tajemnicy gwarantujemy, że Wasze filmy oglądać będzie tylko Wasz terapeuta, jak również jego współpracownicy w celach konsultacyjnych.

Korzystanie z nagrań wideo do innych celów niż konsultacji, na przykład celów edukacyjnych, wymaga odrębnego zezwolenia.

Wideo – to Wasza własność prywatna. Po zakończeniu konsultacji nagrania zostaną usunięte.

Na życzenie i za zwrotem kosztów nośnika można uzyskać kopię nagrania. Bez Waszej zgody nie powstaną żadne kopie Waszych filmów.

Miejsce .... data ....

Podpis rodziców   Podpis terapeuty

....

Wzór umowy o udzielenie zgody na wykorzystanie wideoklipów jako materiałów edukacyjnych i informacyjnych

Oświadczenie o wyrażeniu zgody

Niniejszym zgadzam się na wykorzystanie opisanych wideoklipów. Klipy wideo .... mogą być użyte do celów edukacyjnych.

Zapewniono mnie, że ww. pliki wideo używane zostaną wyłącznie anonimowo.

Miejsce .... data ....

.... Podpis

3 Marte Meo – stopnie kształcenia

Marte Meo, nazwa chroniona, kursy certyfikowane przez „Między-narodowy ośrodek Marte Meo" w Eindhoven/Holandia. Dodatkowe informacje w podręczniku Marte Meo, patrz rozdział 6 (Aarts, 2015).

Szkolenie Marte Meo oparte jest o „Training on the Job", psychologa, pedagoga oraz zawodów pokrewnych. Kształcenie Marte Meo przebiega w trzech stopniach, każdy stopień zakończony jest certyfikatem.

3.1 Marte Meo Praktyk (Practitioner)

Wprowadzenie i przekazanie informacji wspierającej rozwój komunikacji. Kurs obejmuje sześć dni, analiza własnego materiału filmowego z własnego pola pracy. Przegląd filmów na spotkaniach superwizyjnych, praktyczne uwagi i informacje.

3.2 Marte Meo Terapeuta (Therapist)

Na tym etapie nauka prowadzona jest w oparciu o własną pracę terapeutyczną.

3.3 Marte Meo Nauczyciel (Colleague Trainer)

Na tym etapie nauka prowadzona jest w oparciu o własną pracę terapeutyczną/coaching.

Kurs zawiera:

- elementy poradnictwa (klient-terapeuta),
- wybór odpowiednich plików wideo do konsultacji,
- planowanie i prowadzenie wideokonsultacji w różnych sytuacjach zawodowych.

Kryterium certyfikacji dla tego poziomu szkolenia jest prezentacja przebiegu terapii (procesu) wideo konsultacji Marte Meo i potwierdzenie pomyślnego przeprowadzenia 4-6 procesów Marte Meo.
Prezentacja końcowa, którą uczestnik kursu przedstawia: przebieg procesu terapeutycznego oceniany jest przez licencjonowanego Superwizora zgodnie z zasadą „czterech oczu". Okres szkolenia wynosi zwykle 18 dni, które rozłożone są na ca. 18 miesięcy.

3.4 Marte Meo Superwizor (Supervisor)

Ten etap szkolenia to podnoszenie kwalifikacji – szkolenia instruktorów. Kryterium certyfikacji jest 4-6 pomyślnie ukończonych procesów kształcenia Marte Meo terapeutów/nauczycieli. Marte Meo Superwizor – to szkolenie prowadzone przez licencjonowanego superwizora Marte Meo International.
Licencjonowanym superwizorem mogą zostać osoby wybierane przez Marte Meo International, przez Marie Aarts. Licencjonowany superwizor jest odpowiedzialny za zapewnienie jakości w procesie nauczania i wprowadzaniu metody MarteMeo.

Uwagi

[1] Marte Meo obecnie stosowane jest w ponad 40 krajach na całym świecie, wspomagając różne psychospołeczne projekty.

[2] Aktualny przegląd znajduje się na stronie www.nmmi.de

[3] Isager (2009).

[4] W tym tekście używany jest rodzaj męski upraszczający zapis i odczyt tekstu. Podkreślam to w związku z tym, że większość specjalistów Marte Meo to kobiety.

[5] Należą do nich publikacje Bünder itp., jak i poprzednie własne publikacje (patrz wykaz literacki), a także szereg badań naukowych literatury o projektach obszaru skandynawskiego i anglojęzycznego.

[6] Henningsen (1969). Jürgen Henningsen był profesorem nauk pedagogicznych, reżyserem kabaretu i mistrzem szachów.

[7] Pojęcia związane są z koncepcją autorstwa (Stern, 1992) i koncepcją samoskuteczności (Bandura, 1979). Ponadto istnieje nawiązanie z tym, co Antonovsky (1997) nazywa koherencją. W ten sposób, to poczucie zrozumienia, zmysłowości tego, co doświadczamy, jest główną składową zdrowia psychicznego (Salutogenese).

[8] Porównanie Hawellek, C. (2005). Nowe Wnioski. Marte Meo w edukacji i poradnictwie rodzinnym. W: C. Hawellek. A. v. Schlippe (Hg.): *Rozwój wspierać. Systemowy coaching według modelu Marte Meo* (s. 56-72). Getynga: V & R.

[9] Idea wzrostu jest w centrum różnych form psychologii humanistycznej, np. terapii gestaltowej, psychoterapii konwersacyjnej TZI i psychodramy.

[10] W tym przypadku należy oczywiście wziąć pod uwagę teorię uczenia się i wynikającą z niej terapię behawioralną.

[11] W ostatnich latach do dyskusji ekspertów wprowadzono ideę dojrzewania, w szczególności systemowego coachingu rodzicielskiego według koncepcji nieagresywnego oporu i obecności rodziców Haima Omera, Arist v. Schlippe i innych. Stanowi to przeciwtezę do ideologii wykonalności społeczno-technologicznej i podobnie jak idea wzrostu, odnosi się do braku strukturyzacji systemów naturalnych.

[12] Program Chiasmus „Wspieranie rozwoju – rozwój wsparcia" zakłada wydarzenie dialogowe, tj. zawsze wspólnotę. Można też powiedzieć, że obie tworzą wówczas „figurę" holistyczną, ekspresję podobną do tańca pary.

[13] Ponieważ badacze mózgu odkryli neurony lustrzane, a wraz z nimi fizjologiczne podstawy empatii i współczucia, stało się również naukowo możliwe określenie stopnia, w jakim obrazy i filmy umożliwiają doświadczenie i współczucie (patrz np. Bauer, 2009).

[14] Relacja między umiejętnościami odpowiada relacji między kompetencjami a wynikami.

[15] Por. szczegółowy raport Hawellek (2012).

[16] Patrz rozdział 3.

[17] Por. uwagi na temat „Modele procesowe do mikroanalitycznego rejestrowania problemów i konstrukcji rozwiązań" (Hawellek, 2011, 170f).

[18] W trakcie ich dalszego rozwoju, różne metody terapii i doradztwa oparte na rozmowach zostały rozszerzone o szeroki wachlarz metod wykonawczych i aktywujących doświadczenia. Pochodzą one głównie z humanistycznych form terapii i terapii systemowej.

[19] Na przykład ojcowie psychoanalizy wykorzystywali wydarzenia życiowe w sali zabiegowej, tj. to, co wydarzyło się między pacjentem a terapeutą do pracy interpretacyjnej. Potrzeba informacji zwrotnych na temat jakości doradztwa i dialogów terapeutycznych pojawiła się wraz z rosnącym rozpowszechnieniem procedur terapeutycznych i rosnącą profesjonalizacją stażystów-doradców i terapeutów. Terapeuci systemowi umieścili kolegów za lustrami jednokierunkowymi, aby uzyskać informacje zwrotne na temat procedur podczas sesji terapeutycznych i przygotować odpowiednie interwencje. W tym kontekście na szczególną uwagę zasługuje mediolańska szkoła Selvini-Palazzoli i jej współpracownicy. Później informacja zwrotna została przeniesiona do sali terapeutycznej. Grupa terapeutów, która śledziła rozmowę z klientami w tym samym gabinecie, ale nie rozmawiała bezpośrednio z klientem, tylko między sobą o tym, co myśleli o rozmowie terapeuty z klientem, przekazała swoje uwagi zgodnie z ustalonymi zasadami. Współpracę z „Zespołem Refleksyjnym" stworzył norweski psychiatra Tom Anderson. Wideo o sprzężeniu zwrotnym jest dziś częścią normalnych narzędzi szkolenia i kwalifikacji wszelkiego rodzaju terapeutów. Jednym z pierwszych, którzy wprowadzili system informacji zwrotnej do profesjonalnego doradztwa i terapii był Carl Rogers. On i później jego studenci korzystali z nagrań magnetofonowych, aby sprawdzić i rozwinąć jakość poradnictwa zorientowanego na klienta. W latach siedemdziesiątych „konfrontacja z obrazem telewizyjnym" była również wykorzystywana w zbiorowych sesjach terapeutycznych w USA (Algier, 1972).

[20] Przegląd rozwoju metod opartych na wideo można znaleźć u M. Aarts (2009) oraz Bünder et al.

[21] Zob. Hawellek, C. (2014). Zaproszenie do zmiany perspektywy. Możliwości metody Marte Meo w poradnictwie i psychoterapii. *Dynamika rodziny 1/2014*, s. 38-49.

[22] Hawellek, C. (1997). Moc obrazów. *Systhema* (2), s. 125-135.

[23] Por. Hawellek, C. (2006).» Małe potwory «. Marte Meo parent coaching z rodzicami dzieci i niemowląt. W: C. Tsirigotis, A. v. Schlippe, J. Schweitzer - Rothers (Hgs.). *Coaching dla rodziców. Matki, ojcowie i ich» praca «*(s. 195-204). Heidelberg: Carl-Auer.

[24] Por. Rymann Soler, C. (2014). Wdrożenie metody Marte Meo w instytucji dla osób niepełnosprawnych na przykładzie Fundacji Wagerenhof, Uster, Szwajcaria. *Marte Meo Magazine 6/2014*, s. 1-7.

[25] W przeciwieństwie do informacji werbalnej, która jest przetwarzana głównie w przednim płacie mózgu, a następnie w pamięci deklaratywnej, pamięć proceduralna jest zaangażowana w przetwarzanie i przechowywanie scenariuszy obrazkowych.

[26] Doświadczenia życiowe już teraz pokazują, że wspomnienia zależą od wielu różnych okoliczności i mogą być również znacząco zmieniane przez wydarzenia życiowe. To, że nasze biograficzne wspomnienia są dopasowane do aktualnej subiektywnej rzeczywistości, zostało już dobitnie zademonstrowane przez Bergera (1973).

[27] Patrz Hawellek (1995). Mikroskop terapeuty.

[28] Ustalenie to znane było również jako „efekt przędzy wskaźnikowej".

[29] Traumatyczne wspomnienia są tu szczególnym przypadkiem.

[30] Zob. również Aarts et al. (2014).

[31] Zobacz wartą przeczytania pracę Omera i wsp. (2007): *Enemy Images – Psychology of Demonization.*

[32] Jedno z pierwszych sformułowań tego poglądu można znaleźć u Arystotelesa, który definiuje człowieka jako „zoon politikon", czyli istotę społeczną i polityczną. Odpowiadają temu na przykład istotne wnioski z antropologii Adolfa Portmanna, które jasno pokazują, że człowiek nie jest zdolny do życia bez bliskiej opieki ze strony społeczności.

[33] Szczególne znaczenie w tym kontekście mają dzieła Sterna i Papouška.

[34] Zrozumiałe jest, zwłaszcza z perspektywy ewolucyjnej, że wzorce zachowań, które służą przetrwaniu gatunku, takie jak rozmnażanie i odpowiednia opieka, są biologicznie zaprogramowane, a zatem względnie bezpieczne.

[35] W tym kontekście Stern mówi o „ukrytej wiedzy", która nie ucieka się do strategii czy rozważań, ale po prostu „funkcjonuje" bez refleksji nad indywidualnymi wzorcami zachowań. Dobrym tego przykładem jest tzw. babytalk, odpowiadający najlepszej komunikacji z niemowlęciem – będzie to odległość około 25 cm komunikacji twarzą w twarz i wyraźna modulacja prozodyczna, mimiczna, jak i częste powtarzanie i zmiany w ciągu dnia.

[36] Stern zwraca również uwagę, że intuicyjne dopasowanie do dziecka nie powinno być określane jako „nieświadome" w sensie psychoanalitycznej tradycji myślenia, ale jako „ukryte". Nieświadomość w sensie psychoanalitycznym jest „stłumioną" treścią, czyli treścią cenzurowaną przez świadomość. Z drugiej strony, ukryta wiedza pozwala na intuicyjną kontrolę procesów (Stern, 2010, s. 123ff).

[37] Odpowiada to spostrzeżeniom teorii projektowania i terapii, że „zamknięte formy doświadczenia" powracają do strumienia doświadczeń i nie są szczególnie zapamiętywane, podczas gdy „otwarte formy" lub „sprawy niedokończone" (Perls, 1969, 1976).

[38] David Myers (2003): „Negative versus positive" w artykułach czasopism psychologicznych 1887-20019760 na temat „gniewu" vs. 1021 na temat „radości". 65531on na temat „niepokoju" vs 4129 na temat „zadowolenia z życia". 79154 na temat „depresji" vs 3522 na temat „szczęścia". 20868 na temat „strachu" w porównaniu z 781 na temat „odwagi". 207110 na temat „leczenia" vs 31019 na temat „zapobiegania". Podsumowując, stosunek między badaniami zorientowanymi na problemy a badaniami zorientowanymi na zasoby wynosi prawie 10:1.

[39] Obejmuje to wszystkie nowsze koncepcje pracy socjalnej i psychoterapii, mające na celu wzmocnienie pozycji klientów.

[40] W tym kontekście Maria Aarts (2010, 2014) lubi mówić o „żyle złota", z jaką każde dziecko przychodzi na świat/posiada ją każdy człowiek.

[41] Takie bezspektakularne doświadczenia relacyjne stanowią zasadniczą podstawę socjalizacji człowieka: „Możemy zacząć od podstawowego założenia, że klinicznie istotne wydarzenia i chwile składają się z bardzo małych, zwyczajnych, codziennych, odradzających się, niewerbalnych wydarzeń. Być może są to nawet jedyne procesy ludzkie, które istnieją na początku dla niemowlęcia" (Stern, 1998, s. 79).

[42] W poniższym tekście zaznaczono kursywą tzw. elementy Marte Meo. Pokazuje to również, jak „ukrywają się" w szybkich, rutynowych procesach życia codziennego.

[43] W ten sposób poszczególne chwile mogą stać się informacyjnymi „chwilami obecnymi" (Stern, 2009). Koncepcja chwili obecnej została szerzej omówiona w części 3.

[44] Nie jest to w żadnym wypadku tak oczywiste, jak się wydaje na pierwszy rzut oka. Na przykład w pracy w ramach pomocy społeczno-edukacyjnej dla rodzin często konieczne jest wyjaśnienie ról, aby można było rozróżnić obszary odpowiedzialności rodziców i asystentów rodzinnych.

[45] Żadna matka i żaden ojciec nie mogą konsekwentnie zwracać uwagi na swoje dziecko. Nie jest to konieczne, ponieważ zdrowe dzieci mają doskonałe zdolności, aby przyciągnąć uwagę swoich opiekunów. W tym kontekście mówi się o poświęcaniu wystarczającej uwagi inicjatywom na rzecz dzieci. To, co jest wystarczające w konkretnym przypadku, zależy od etapu rozwoju dziecka i aktualnego stanu umysłu osób zaangażowanych. D. W. Winnicott (1989) trafnie opisał produktywną postawę rodziców w swojej koncepcji „Good Enough Mother".

[46] Takie momenty kontaktowe są podstawą doświadczenia w więzi (Grossmann, 2004).

[47] Zob. również uwagi Riemanna (1972) na temat „dystansu twórczego" jako historycznego warunku rozwoju twórczości.

[48] Z badań nad niemowlętami wiadomo, że dzieci w pierwszym roku życia są szczególnie intensywnie zaangażowane w badania twarzy i wyrazu twarzy, w ten sposób rozwijają swoją wiedzę z zakresu czytania twarzy (Stern, 1992), która zostanie zachowana na całe życie.

[49] W pracy Martina Bubera „Ich und Du" („Ja i Ty"), którą uznać można za kamień milowy w najnowszej historii filozofii. W zakresie

klinicznego i rozwojowego znaczenia różnicowania i rozgraniczeń patrz szczegółowo: Hawellek (1992) „Das Konzept der Grenzen" („Koncept granic"). Znaczenie koncepcji pracy w teorii i praktyce terapii z dziećmi i rodzinami.

[50] To wzajemne oddziaływanie *Turn-Taking* tworzy podstawowy rytm wszelkiej konstruktywnej komunikacji (Hawellek, 2012, s. 67ff).

[51] W terminologii fachowej mówi się w tym kontekście o rozwoju „samokompetencji".

[52] Zobacz również prace Haima Omera i wsp. (2004, 2012) na temat obecności rodziców, jak również pracę w sprawie mikroperspektyw obecności rodziców (Hawellek, 2013).

[53] Ten tok myślenia został przekonywująco przedstawiony przez D. W. Winnicotta, jednego z ojców współczesnej psychoterapii dzieci, w jego uwagach na temat „wystarczająco dobrej matki".

[54] Loth (1998).

[55] Oznacza to praktykowanie takich form terapii jak fizjoterapia lub logopedia, ale nie psychoterapia.

[56] Zob. także Hawellek (2012, s. 41ff).

[57] Pierwszy stopień Marte Meo przekazuje wiedzę, jak wykorzystać uzyskane informacje na polu własnej pracy (przedszkole, szkoła i inne) jak wspomagać procesy rozwojowe. Ten poziom szkolenia stanowi podstawę wszystkich dalszych kroków edukacyjnych i nosi nazwę „Marte Meo Practitioner". W zależności od obszaru pracy, następny etap szkolenia nosi nazwę „Marte Meo Therapist" i/lub „Marte Meo Colleague Trainer". Po uzyskaniu takiego stopnia, specjaliści, którzy chcą szkolić innych w zakresie metody Marte Meo, powinni osiągnąć następny poziom „Marte Meo Supervisors"

(patrz materiały robocze). Ponieważ Marte Meo jest międzynarodową siecią z siedzibą w Eindhoven (Holandia), w certyfikowanych kursach szkoleniowych używa się terminów w języku angielskim. W podręczniku Aarts, M. (2015, rozdział 6) bardziej szczegółowo opisano kryteria dotyczące poszczególnych poziomów certyfikacji.

[58] Aarts, M. (2011, s. 110ff).

[59] Aarts, M. (2005). Z przesłanki za problemami. W: C. Hawellek, A. v. Schlippe, *Rozwój wspierać. Systemowy coaching według modelu Marte Meo* (s. 37-55). Getynga: V & R.

[60] W tym celu sporządzono różne listy kontrolne rozwoju (patrz część 2 Materiały robocze).

[61] Dotyczy to w szczególności fazy rozwoju języka.

[62] Te procesy stawiania się w sytuacji innych i poznawania ich świata wewnętrznego nazywane są również w terminologii psychoterapeutycznej „mentalizacją".

[63] Obrazy są więc również dokumentami „ukrytej wiedzy relacyjnej" (Stern, 2009), która jest w dużej mierze automatycznie pobierana i pomaga dorosłym odpowiednio reagować. Z reguły dorośli są zdumieni tym, jak wiele korzystnych zachowań mają do swojej dyspozycji, nie ćwicząc ich świadomie.

[64] Technika analizy interakcji wideo jest nauczana i praktykowana na kursach szkoleniowych dla konsultantów Marte Meo.

[65] Hawellek (2012, s. 13ff).

[66] Zob. również: Aarts, Hawellek, Rausch, Schneider, Thelen (2014): Marte Meo: Zaproszenie do rozwoju; jak również Aarts, Rausch (2009): Nie mogę o niczym myśleć. Szkolenie z zakresu komunikacji Marte Meo.

[67] Literatura o Marte Meo mówi również o sytuacjach „wolnych" i „ustrukturyzowanych".

[68] Konsultanci Marte Meo przedstawiają wideoklipy z analizami interakcji wideo, podkreślając indywidualne działania i reakcje rodziców i dzieci w wolniejszej formie. W ten sposób pomagają rodzicom dostrzec i zrozumieć związki między ich zachowaniem a (re-) akcjami dzieci.

[69] Zob. Aarts M. (2011, s.125ff).

[70] To, co w terapii rodzinnej znane jest jako „łączenie" w sensie „nawiązanie kontaktu", to to, co Maria Aarts lubi nazywać „coffee, cookie and the dog". Odnosi się to do rozmowy na początku konsultacji, ułatwi to wprowadzenie do bardziej problematycznego tematu poradnictwa.

[71] Patrz Ferenczi (1999).

[72] Hawellek (2015): Konsultacje na równym poziomie terapeuta-klient. Do nauki i nauczania poradnictwa obserwacyjnego według metody Marte Meo.

[73] Patrz Hawellek, C., Meyer zu Gellenbeck, K. (2005). Sztuka małych kroków. W: C. Hawellek, A. v. Schlippe, *Rozwój wspierać. Systemowy coaching według modelu Marte Meo* (s. 75-85). Getynga: V & R.

[74] Marte Meo wykorzystuje format informacyjny „Visual Storytelling" w bardzo nowoczesny sposób. W odniesieniu do pracy konsultingowej i coachingu, nowe historie są opracowywane wspólnie przez konsultantów i klientów, tak aby można było również mówić o „wizualnym rozwoju historii".

[75] Zob. M. Aarts et al. (2014, s. 46).

[76] Odpowiada to behawioralno-terapeutycznej definicji „braku zachowania" pożądanych zdolności, np. u odizolowanych dzieci lub „behawioralnego exess" niechcianego zachowania, np. u dzieci z ADHD.

Literatura

Aarts, M. (1995). Z siły własnej. *Systhema 10* (1), s. 29/34.

Aarts, M. (1996). *Przewodnik Marte Meo.* Harderwijk: Aarts_Productions.

Aarts, M. (2009, 2011, 2015). *Marte Meo Manual.* Eindhoven: Aarts Productions.

Aarts, M. (2002). *Program Marte Meo dla autyzmu.* Harderwijk: Aarts Productions.

Aarts, J. (2007). *Metoda Marte Meo dla szkół. Rozwój stylów komunikacji nauczycieli. Promowanie zdolności dzieci do chodzenia do szkoły.* Eindhoven: Aarts Productions.

Aarts, M., Rausch, H. (2009). *Szkolenie Marte Meo Communication Training – Nic mi do głowy mie przychodzi.* Eindhoven: Aarts Productions.

Aarts, M., Loosli, T. (2011). Marte Meo parent coaching. *Komunikacja i dzieci, nr 87* (1).

Aarts, M. (2012). *Marte Meo Program dla Autyzmu* (książka z DVD). Eindhoven: Aarts Productions.

Aarts, M., Hawellek, C., Rausch, H., Schneider, M., Thelen, C. (2013). *Marte Meo: Zaproszenie do rozwoju.* Eindhoven: Aarts Productions.

Algier, I. (1973). Konfrontacja z obrazem telewizyjnym w terapii grupowej. W: C. Sager, H. Kaplan, *Handbuch der Ehe-, Familien- und Gruppentherapie Bd. 1,* Monachium: Kindler Axberg.

Axberg, U., Hansson, K., Broberg, A. G., & Wirtberg, I. (2006). Rozwój szkoły systemowej – interwencja oparta na systemie: Marte

Meo i spotkania koordynacyjne. *W procesie rodzinnym* 45 (3), s. 375-389.

Becker, U. (2009). Marte Meo – liczy się związek. *Care/Dementia*, 12/2009.

Berger, P. L. (2011). *Zaproszenie do socjologii.* Stuttgart: UTB, s. 73-86.

Berther, C. Loosli, T. N. (2015). *Metoda Marte Meo. Oparta na obrazie koncepcja komunikacji wspomagającej interakcje pielęgniarskie.* Berno: Hogrefe.

Borke, J., Hawellek, C. (2011). Pomimo perspektyw rozwojowych psychologicznych i klinicznych. W: H. Keller (red.), *Handbuch der Kleinkinddforschung* (Podręcznik badań zachowań niemowląt), Huber: Bern. Bünder, P., Sirringhaus, A., Helfer, A. (2006). *Practice book Marte Meo.* Berlin: Eigenverlag Bünder, P. (2007). *Książka teoretyczna Marte Meo,* Kolonia: Kolońskie Stowarzyszenie Doradztwa Systemowego, wydana samodzielnie.

Buber, M. (1995). *Ja i ty.* Stuttgart: Reclams Universal-Bibliothek.

Bünder, P., Sirringhaus-Bünder, A. Helfer, A. (2009). *Podręcznik metody Marte Meo. Promocja rozwoju przy wsparciu wideo.* Göttingen: V & R.

Bünder, P. (2011). Promocja rozwoju zagrożonych dzieci i ich rodziców za pomocą poradnictwa wideo według metody Marte Meo. W: *Praktyka psychologii dziecięcej i psychiatrii dziecięcej,* t. 60, wyd. V, Göttingen: V & R.

Dynamika dzielenia się wiedzą zawodową i wiedzą świecką/Badanie doświadczeń rodziców i profesjonalistów z dzieciństwa w ramach Marte Meo. Dublin Citiy University, May.

Elling, C. (2005). The chances of the Marte Meo method in placing children in foster families, *Marte Meo Magazine*, 3rd.

Ferenczi, S. (1999). *Nie ma lekarstwa bez współczucia. Dziennik kliniczny z 1932 r.* Frankfurt: S. Fischer.

Geupel, B. (2006). Tworzenie związków między matką a dzieckiem po separacji rodziców. *Systhema* (20) 1.

Grossmann, K., Grossmann, K. E. (2004). *Spoiwa - tkanina bezpieczeństwa psychologicznego.* Stuttgart: Velcro - Cotta.

Hawellek, C. (1992). *Koncepcja granic. Znaczenie koncepcji pracy w teorii i praktyce terapii z dziećmi i rodzinami.* Frankfurt, Berlin, Berno, Nowy Jork, Paryż, Wiedeń: Peter Lang.

Hawellek, C. (1995). Therapist's Microscope. *Systhema 10* (1), s. 6-28.

Hawellek, C. (1997). Moc obrazów. *Systhema 12* (2), s. 125 - 135.

Hawellek, C. (2000). *Wykorzystanie analizy interakcji wideo w pracy z zdeprawowanymi rodzinami.* Wykład na 47. warsztacie psychologów austriackiego Biura Opieki nad Młodzieżą. Wiedeń:

Wydawnictwo własne, s. 68-89.

Hawellek, C. (2006). »*Małe* potwory«. Marte Meo Coaching dla rodziców niemowląt i małych dzieci. LAG Horizonte 3.

Hawellek C., v. Schlippe, A. (Hgs.) (2005). *Wsparcie rozwoju – rozwój coachingu systemowego wsparcia według modelu Marte Meo.* Getynga: V&R.

Hawellek, C., Rolfes, W. (2004). *Konsultacje w zakresie wczesnej edukacji – informacje LGD. 2 (informacje krajowej grupy roboczej Dolnej Saksonii ds. konsultacji edukacyjnych).* Frankfurt: EB-Kurier.

Hawellek, C., v. Schlippe, A. (2008). Dobra rada na wystarczająco dużo. W: J. Borke, A. Eickhorst, *Systemic Development Consulting in Early Childhood.* Wiedeń: Facultas.

Hawellek, C. (2009). Marte Meo w poradnictwie edukacyjnym i rodzinnym: konkretna pomoc w radzeniu sobie z pedagogicznym życiem codziennym. *Biuletyn Marte Meo.*

Hawellek, C. (2011). Obserwacja to zmiana. W: H. Schindler, W. Loth, J. v. Schlippe, *Systemic Horizons.* Getynga: V&R.

Hawellek, C. (2012). *Otwarcie perspektyw rozwoju. Do podstaw metody Marte Meo.* Getynga: V&R.

Hawellek, C. (2013a). Mikroperspektywy obecności rodziców. Wkład metody Marte Meo w koncepcję obecności rodziców.
W: M. Grabbe, J. Borke, C. Tsirigotis, *Władza, autonomia i zaangażowanie. Funkcja kotwiczenia dla obecności rodziców* (s. 210- 230). Getynga: V&R.

Hawellek, C. (2013b). Marte Meo w terapeutycznym dialogu z niepełnosprawną młodzieżą. W: M. Aarts, C. Hawellek, H. Rausch, M. Schneider, C. Thelen, Marte Meo: Zaproszenie do rozwoju (s. 175-189). Eindhoven: Aarts Productions.

Hawellek, C. (2014). Zaproszenie do zmiany perspektywy. Możliwości metody Marte Meo w poradnictwie i psychoterapii.
W: *Dynamika rodziny* I.Hawellek, C. (2014). Doradztwo i terapia w oparciu o filmy wideo. W: T. Levold, M. Wirsching (Hgs.), Terapia systemowa i doradztwo. *Wielki podręcznik.* Heidelberg: Carl-Auer.

Hawellek, C. (2016). Konsultacje na poziomie oczu. W: D. Rohr, A. Hummelsheim, M. Höcker. *Uczenie porad. Doświadczenia, historie, refleksje z praktyki 30 nauczycieli.* Weinheim: Beltz Juventa.

Holtmeyer, C. (2006). *Ocena pracy Marte Meo w doradztwie edukacyjnym.* Praca dyplomowa na Uniwersytecie w Osnabrück, Wydział Nauk o Człowieku, jednostka dydaktyczna Psychologia, Wydział Psychologii Klinicznej. Niepublikowane.

Isager, M. (2016). *Marte Meo. Konkret, rozwój i promocja językowa na przykładach.* Hamburg: BoD.

Isager, M., Becker, U. Marte Meo - Aus eigener Kraft: Eine Einführung in das Konzept. W: *Topic Booklet transferplus*/zeszyt 2.

Lävermann, U. Strobl, Ch. (2006). Coaching rodzicielski systemowy, zorientowany na rozwiązania, zorientowany na zasoby. *Systhema* (4).

Loosli, T. (2011). *Marte Meo i ADHS: korzystanie z momentów wsparcia rozwoju w życiu codziennym z Marte Meo.* Biuletyn Szwajcarskiego Towarzystwa ADHS. Wydanie 30 czerwca 2011 r.

O'Donovan, C. (2003). Relacja z szkoleń 2001-2002 r. Projekt Marte Meo. *Marte Meo Newsletter* (26), s. 4-16.

Øverheide, H., Hafstadt, R. (1996). *Metoda Marte Meo i dialogi wspierające rozwój.* Harderwijk: Aarts Productions.

Paegle, M. (2005). Marte Meo i familjehem. Fritt tolkat fraen en artikel i tidningen. *Marte Meo Magazine* 2005/3, t. 32.

Elling, Ch. (2007). The chances of the Marte Meo method in placing children in foster families. *Marte Meo Magazine* 2007/1, t. 36, s. 26-27.

Papoušek, M. (2001). Intuicyjne umiejętności rodzicielskie. *Wczesne dzieciństwo* (4), s. 4-10.

Rausch, H. (2011). Korzystanie z mocy obrazów. Doświadczenia terapeuty Marte Meo pracującego z dziećmi i młodzieżą. *Dynamika rodziny* n. 3/2011, t. 36.

V. Schlippe, A., Schweitzer, J. (2012). *Podręcznik Systemowej Terapii i Doradztwa*, t. 1 i 2. Getynga: V&R.

Sirringhaus, A., Bünder, P., et al. (2001). Siła dialogów rozwojowych. Model Marte Meo w dziedzinie doradztwa edukacyjnego. W: A. v. Schlippe et al (Hgs.). *Środowisko wczesnego dzieciństwa i doradztwo edukacyjne. Kursy początku*. Münster: Votum.

Tsirigotis, C., v. Schlippe, A., Schweitzer-Rothers, J. (Hgs.). (2006). *Coaching dla rodziców*. Heidelberg: Carl-Auer.

V. Schlippe, A., Schweitzer-Rothers, J. (2007). *Podręcznik terapii systemowej i poradnictwa*. Getynga: V & R.

Seligmann, M. (2003). *Czynnik szczęścia. Dlaczego optymiści żyją dłużej*. Bergisch Gladbach: Ehrenwirth.

Stern, D. (1998). *Konstelacja macierzyństwa*. Stuttgart: Velcro cotta.

Ulma, B. (2005). Marte Meo w pracy z osobami starszymi: pierwsze doświadczenia. *Marte Meo Magazine*, 2005/2, s. 13. Harderwijk: Aarts Productions.

Vik, K., Roaten, S. (2009). Video Interaction Guidance. *Infant Mental Health Journal*, t. 30 (3). Michigan: Association for Infant Mental Health. Publikacja online: http://www.interscience.wiley.com.

Winnicott, D. W. (1994). *Natura ludzka*. Stuttgart: Klett-Cotta.

Wirtberg, I. (2004). Obszar działania, badania i sztuka współpracy. Współpraca i narzędzia Marte Meo dla dzieci z zaburzeniami interakcji w szkole. W: *Psychische Gesundheit 1, Schwedische Vereini-*

gung für Psychische Gesundheit (tłumaczenie niemieckie: Christian Hawellek, dostępne na stronie http://www.nmmi.de).

Zenter, M. (1993). Fit: Nowa perspektywa rozwoju psychicznego. W: H. G. Petzold (Ed.). Wczesne szkody – późne_skutki? Psychoterapia i badania nad dziećmi. Marte Meo i opieka nad osobami starszymi, *Marte Meo Newsletter* 11/1996.